Hugo Blümner

Zum schweizerischen Schriftdeutsch

Glossen eines Laien zu Wustmanns Schrift

Hugo Blümner

Zum schweizerischen Schriftdeutsch

Glossen eines Laien zu Wustmanns Schrift

ISBN/EAN: 9783743427426

Hergestellt in Europa, USA, Kanada, Australien, Japan

Cover: Foto ©Thomas Meinert / pixelio.de

Weitere Bücher finden Sie auf **www.hansebooks.com**

Zum schweizerischen Schriftdeutsch.

Glossen eines Laien
zu Wustmanns Schrift
„Allerhand Sprachdummheiten".

Von

H. Blümner.

Zürich.
Albert Müller's Verlag.
1892.

Druck von J. Schabelitz in Zürich.

Vorwort.

Im Februar d. J. habe ich in mehreren Feuilletonartikeln der Neuen Zürcher-Zeitung Bemerkungen zu Wustmanns Buch „Allerhand Sprachdummheiten" erscheinen lassen, Einwendungen und Zusätze, letztere unter vornehmlicher Berücksichtigung der Fehler im schweizerischen Schriftdeutsch. Das Lesepublikum brachte diesen Aufsätzen mehr Teilnahme entgegen, als ich zu hoffen gewagt hatte; namentlich bezeugte mir eine ganze Anzahl zum Teil anonymer Zuschriften, in denen mir weiteres Material zur Verfügung gestellt wurde, daß diejenige Seite, auf die ich besonders Rücksicht genommen hatte, die Sprachfehler im schweizerischen Schriftdeutsch, die Leute am meisten interessirte. Mehrfach wurde mir dann auch, mündlich wie schriftlich, der Wunsch geäußert, ich möchte diese Artikel im Sonderabdruck erscheinen lassen. Wenn ich mich hierzu, weil die Bemerkungen kritisch gehalten, auch manches inzwischen durch anderweitige Besprechungen des Wustmannschen Buches (ich verweise namentlich auf die „Randbemerkungen zu Dr. Wustmanns Allerhand Sprachdummheiten" von Prof. Karl Erbe) erledigt worden war, nicht entschließen konnte, so schien es mir andrerseits doch der Mühe lohnend, in einem kleinen Heftchen eine Anzahl Bemerkungen zusammenzustellen, die sich vornehmlich auf Eigentümlichkeiten, Fehler wie Freiheiten, des schweizerischen Schriftdeutsch bezögen, und so gewissermaßen einen schweizerischen Nachtrag zu Wustmanns Buch zu geben. Ich mußte mir dabei freilich sagen, was ich mir schon bei jenen Feuilletons gesagt hatte und was mir auch von einigen Seiten zu verstehen gegeben worden war, daß eine derartige Arbeit eigentlich gar nicht meines Amtes sei; und wenn die Herren Germanisten mir ihr „Schuster bleib' bei deinem Leisten" zurufen, so kann ich ihnen streng genommen nur Recht geben. Denn die Zeit, da ich als Gymnasiallehrer alt- und mittelhochdeutsche Studien betreiben und deutschen Unterricht erteilen mußte, liegt schon etwas weit hinter mir, und auf den Standpunkt jenes humanistischen Gelehrten, der da behauptete, ein rechter Philologe müsse alles können, und wäre es selbst eine Armee kommandiren, vermag ich mich, trotz aller Hochachtung, die ich für mein Fach hege, doch nicht zu stellen. Allein immerhin darf am Ende doch auch ein klassischer Philologe, wenn er sich redlich bemüht, den Dingen auf den Grund zu gehen, ein bescheidenes Wörtchen in Sachen der deutschen

Sprache mitreden; als Laie zwar, und darum habe ich ausdrücklich diese Bezeichnung auf dem Titelblatte hinzugefügt, aber immerhin als ein Laie, der in derartigen Fragen nicht ganz unbewandert ist. Daß hier und da Irrtümer mit unterlaufen können, liegt mir fern zu bestreiten; allein auch Wustmann ist ja davon keineswegs frei, und in manchen Fragen wird überhaupt von festen Regeln und Gesetzen nicht die Rede sein können und das Sprachgefühl, das ja meist etwas subjektives ist, den Ausschlag geben müssen.

Was ich als schweizerisches Schriftdeutsch bezeichne, ist das im Gegensatz zum Dialekt mitunter, obgleich nicht ganz richtig, Hochdeutsch benannte Deutsch, das man in der specifisch schweizerischen Litteratur und Presse und gesprochen überall da findet, wo an Stelle des Dialektes die gewähltere Redeweise tritt. Dem Reichsdeutschen treten in diesem schweizerischen Schriftdeutsch eine ganze Menge von Besonderheiten entgegen, die er anfangs geneigt ist, sammt und sonders für unzulässig zu halten, weil sie ihn eigentümlich und fremdartig anmuten; und oft genug hört man von neu zugewanderten ein etwas vorschnelles Urteil über Wendungen, Redensarten oder einzelne Wörter, die ohne weiteres für dialektisch oder geradezu fehlerhaft erklärt werden. Namentlich der Norddeutsche ist zu solchem Aburteilen leichter geneigt, als der Süddeutsche, der nicht bloß im Dialekt, sondern auch in seiner

Schriftsprache manches mit dem Schweizer gemein hat. Allein sieht man näher zu, so bleibt allerdings eine nicht unbeträchtliche Zahl von Sprachfehlern übrig, die als specifisch schweizerisch bezeichnet werden können, wie ja auch das österreichische Schriftdeutsch eine ganze Menge Austriacismen aufweist; aber in sehr vielen Fällen stellt sich heraus, daß keine modernen, durch Mißbrauch und Gedankenlosigkeit oder Modethorheit hineingekommenen Neubildungen oder Fehler vorliegen, sondern gute, alte Ausdrücke, die sich das schweizerische Deutsch, das ja im Dialekt noch eine ungemeine Fülle solcher alter Wörter besitzt, länger bewahrt hat, als das so vielfach verflachte und abgeblaßte Schriftdeutsch draußen im Reiche. Solch gutes altes Vatererbe aber soll man schützen und verteidigen; und darum ist es nicht bloß Zweck dieses Büchleins, das Fehlerhafte im schweizerischen Schriftdeutsch zusammenzustellen, sondern auch auf dasjenige aufmerksam zu machen, was als gut und alt, wenn es auch dem Fremden anfangs wunderlich und fremdartig erscheinen mag, beibehalten werden, ja, wenn irgend möglich, seinen Weg über die Grenzen der Schweiz hinaus finden und allgemeines deutsches Spracheigentum werden sollte.

Nicht alle Bemerkungen aber beziehen sich auf das schweizerische Schriftdeutsch. Einige der besprochenen Sprachfehler und Sprachfreiheiten sind allgemeinerer Art; wenn ich sie trotzdem hier mit hineingezogen habe, so geschah es vornehmlich mit Rücksicht darauf, daß sie im schweizerischen Schriftdeutsch besonders häufig anzutreffen sind, ohne für Eigentümlichkeit desselben gelten zu dürfen. Die Zahl derselben hätte sich leicht erweitern lassen; allein Vollständigkeit ist bei der vorliegenden kleinen Zusammenstellung weder beabsichtigt noch möglich gewesen, wenn ich auch glaube, nichts wichtigeres übersehen zu haben. Meine Beispiele sind von überall her geholt, aus der Zeitung, aus wissenschaftlichen Werken, aus der schönen Litteratur. Am wenigsten darf man dabei auf die Dorfgeschichte, auf Gotthelf, Joachim und andere Rücksicht nehmen; auch wo diese Schriftsteller sich des Schriftdeutschen bedienen, geben sie doch absichtlich ihrer Sprache eine theilweis dialektische Färbung, indem sie Wendungen und Ausdrücke des Dialektes mit einmischen. Wohl aber ist Gottfried Keller eine reiche Quelle für solche tüchtige, kräftige Ausdrucksweise, und wenn auch bei ihm manches steht, was in der That als fehlerhaft bezeichnet werden muß und nicht Nachahmung verdient (— und welcher unsrer großen Schriftsteller, selbst ein Lessing und ein Goethe wären davon frei zu sprechen! —), so überwiegt doch bei weitem die Menge vortrefflichen einheimischen Sprachmaterials, an dem auch der Nichtschweizer seine helle Freude haben muß. Möge man es mir darum auch verzeihen, wenn ich als Nichtschweizer es wage, das vorliegende Büchlein in die Welt zu schicken und darin meinen Landsleuten jenseits des Rheins die Annexion schweizerischen Sprachgutes zu empfehlen. Je mehr sich derartige friedliche Austausche geistiger Güter zwischen hüben und drüben vollziehen, um so mehr werden Schweizer und Reichsdeutsche sich näher treten und ein jeder an seinem Teile beim Nachbar die Stammesverwandtschaft schätzen und lieben, die Stammesverschiedenheiten achten und schonen lernen.

Zürich, im April 1892.

Hugo Blümner.

I.
Zum Wortschatz und zur Wortbildungslehre.

Auf keinem Gebiete machen sich die Besonderheiten des schweizerischen Schriftdeutsch so bemerklich, wie auf dem des Wortschatzes. Hat sich doch kein anderer deutscher Dialekt so viel Reste aus der Sprache der vergangenen Jahrhunderte bewahrt, wie das schweizerische Idiom; und in höherem Grade, als anderwärts, hat das Schriftdeutsch in der Schweiz derartigen alten Besitz mit herübergenommen. Stehen wir solchen Wörtern, als einem Erbe der Altvordern, meist sympathisch gegenüber, so daß wir ihr Verschwinden bedauern müßten, so ist das nicht in gleichem Maße der Fall bei den Neubildungen, mit denen uns die Gegenwart überschüttet, bei den Modewörtern, die meist ebenso massenhaft in unserer Tageslitteratur auftauchen, als sie nichtssagend und bedeutungslos sind. Was das schweizerische Schriftdeutsch von derartigem Unkraut in sich aufgenommen hat, ist meist auf reichsdeutschem oder österreichischem Boden gewachsen; denn derartige Modethorheiten verbreiten sich ja heutzutage ebenso schnell, wie die jüngste Wiener Gigerlmode oder der neueste Berliner Gassenhauer.

Wenn Wustmann insbesondere solchen thörichten Neubildungen zu Leibe geht, so muß man ihm in den meisten Fällen recht geben; nur ist er nicht selten in seinen Behauptungen gar zu rigoros. So behandelt er S. 79 ff.

die Wörter auf **ung** und ihr Verhältniß zu den vom gleichen Stamme gebildeten kürzeren Bezeichnungen, wie **Hingebung** und **Hingabe**, **Entscheidung** und **Entscheid**, **Vergleichung** und **Vergleich**. Ursprünglich bedeuten die Wörter auf **ung** die Handlung oder den Vorgang, der im Zeitwort, von dem das Wort gebildet ist, ausgesprochen liegt; meist aber hat sich diese Bedeutung erweitert und ist in die des Ergebnisses der Handlung, des Zustandes, der durch die Handlung herbeigeführt worden ist, übergegangen. **Erziehung** ist also nicht bloß der Vorgang des Erziehens, wie wenn wir sagen: „Dieser Knabe erhält eine gute Erziehung", sondern auch das Resultat dieses Vorganges, wie in dem Satze: „Dieser Mensch hat keine Erziehung". Hier geht nun aber Wustmann zu weit, wenn er z. B. für **Hingabe**, **Entscheid**, **Vergleich** u. s. w. überall **Hingebung**, **Entscheidung**, **Vergleichung** verlangt, sobald nicht das Ergebniß der Handlung, sondern die Handlung selbst gemeint sei. In manchen Fällen macht allerdings der Sprachgebrauch den Unterschied. Es ist falsch, wenn man vom „Erwerb gelehrter Bildung" spricht, oder wenn geschrieben wird: „der Erwerb eines großen Geschäftes ist nur Bemittelten möglich"; oder: „in jedem Bande stand auf dem Titelblatte das Datum des Erwerbes geschrieben" (G. Keller); hier muß es natürlich „die Erwerbung" heißen, da Erwerb nur den Beruf, durch den man erwirbt, bedeutet. Aber im allgemeinen sind doch die Unterschiede so verwischt, daß der kürzeren Form ihr Bürgerrecht kaum noch bestritten werden kann, zumal in vielen Fällen zwischen Handlung und Endergebniß beinahe kein Unterschied besteht. Wenn wir vom **Ausgleich** bei einem Prozeß sprechen, meinen wir damit ebenso wohl die Handlung, als ihr Ergebniß, und nennen jene keineswegs **Ausgleichung**; wenn jemand zum Ersatz der Kosten verurteilt wird, wird es, obgleich es doch eine Handlung ist, niemand einfallen, dafür **Ersetzung** zu sagen, ebenso wenig, wie man etwa von Abbrechung der Unterhandlungen sprechen würde. Und wenn man im Hochdeutsch nur das Wort Unterbrechung kennt, im schweizerischen Schriftdeutsch dafür aber auch Unterbruch sagt, so hat diese Form ebenso ihre Berechtigung, wie Abbruch, Einbruch u. s. f. Hier wird sich schwerlich mit einer allgemeinen Regel helfen lassen; es gilt vielmehr, von Fall zu Fall zu entscheiden und sich nach dem Sprachgebrauch zu richten. So wird z. B. die hier sehr verbreitete Form Rechnungsablage zu verwerfen sein; denn eine Ablage ist nach allgemeinem Sprachgebrauch eine Stelle, wo etwas abgelegt wird (Briefablage, Brotablage, Kleiderablage als Verdeutschung von Garderobe u. s. w.), kann jedoch keine Handlung bezeichnen; es muß also Rechnungsablegung heißen.

Fügen wir hier noch einige seltene Wörter hinzu, die aber nichts desto weniger ihre Berechtigung haben. Beamtung liest man im gewöhnlichen Schriftdeutsch kaum noch einmal, im schweizerischen nicht selten. Nun ist zwar das Wort beamten, von dem es herkommt, verschwunden (noch Lessing schrieb von „Herren, die um anderer Seligkeit willen besoldet und beamtet sind"), hat aber seine Spuren in dem Wort Beamter, das nur eine Verkürzung aus Beamteter ist, zurückgelassen. Letzteres Wort war in der vergangenen Sprache noch häufig zu finden, während es in der modernen fast ganz der abgekürzten Form gewichen ist. Im Schweizerischen aber hat es sich lebendiger erhalten und kann da zusammen mit Beamtung als alter Rest conservirt werden. — Ein anderes, öfters für falsch gebildet angesehenes Wort ist der Verhaft (z. B. der Schuldverhaft), weil das moderne Deutsch jetzt in der Regel nur die Verhaftung oder die Haft kennt; aber der Verhaft ist von jeher in der Schriftsprache gebräuchlich gewesen und nach keiner Seite hin anstößig.

Vielfach gefehlt wird bei Wortzusammensetzungen. Freilich herrscht Freiheit und wird solche herrschen müssen, ob bei Zusammensetzung zweier Hauptwörter ein Binde-n eintritt oder nicht. Man sagt Sonnenschein, Straßenpflaster, Breitengrab u.s.w., aber auch Kreibezeichnung, Mußestunde, Rachegeister. (Vgl. Erbe S. 33.) Im allgemeinen herrscht die Verbindung mit en vor; aber es wäre verfehlt, sie mit Wustmann S. 83 ff. zum Gesetz machen zu wollen. Dagegen ist es selbstverständlich entschieden falsch, wenn diese Endung auch bei solchen Zusammensetzungen angewendet wird, bei denen sie völlig unorganisch ist, also z. B. wenn man das schöne Wort Südfrüchtenhandlung bildet, wo es doch nur Südfrüchte= (oder Südfrucht=)handlung heißen kann. Denn das en ist bei jenen Zusammensetzungen ursprünglich alte Genetivendung, vgl. Hahnenkamm (des Hahnen), Sternenglanz (des Sternen), hat also bei dem Worte Frucht keine Berechtigung.

Ein anderer Bindeconsonant, das s, ist seiner Zeit von Jean Paul sehr lebhaft, aber vergeblich bekämpft worden, und auch Wustmanns Kampf dagegen (S. 88) dürfte aussichtslos sein. Wustmann erkennt zwar an, daß man heutzutage diesen Kampf in vielen Fällen aufgeben muß, weil sich das ursprünglich falsche s zu sehr eingebürgert habe; aber er möchte es doch in vielen Wörtern wieder herauswerfen, in denen wir es bereits ganz gewohnt sind, — so sehr, daß Wustmann selbst, der hoffnungslos verwirft, doch seinen zweiten Abschnitt selbst „zur Wortbildungslehre", nicht „Wortbildunglehre" überschrieben hat. Zweifellos sind es meist euphonische Gründe, die die Sprache zur Einschiebung dieses s bewogen haben, wenn auch nicht immer. Hier Rachegeister, dort Liebesgötter, dann wieder Probeabzug und so fort, — mit euphonischen Gründen kommt man da nicht aus, die Sache liegt da zum Teil tiefer. Vielfach freilich scheint die Sprache ganz willkürlich verfahren zu sein. Zwar wenn Wustmann vertragsbrüchig und wortbrüchig, beispielsweise und schrittweise, hoffnungslos und gefühllos einander gegenüberstellt, so sind diese Beispiele nicht beweisend; denn hier haben wir gsbr, dort rtbr; hier lsw, dort ttw; hier ngsl, dort ll. Aber auch bei gleichen Consonantencomplexen kommen Verschiedenheiten vor, so inhaltsreich und gehaltreich, also ltsr und ltr; Windbruch und Rindsbraten, also nbbr und ndsbr, u. s. w. Es wäre eine ganz hübsche Aufgabe, alle diese Zusammensetzungen einmal auf die Consonantencombinationen hin zu untersuchen, zwischen die s tritt oder nicht tritt. Specifisch Schweizerisches dürfte es dabei nicht viel geben; nur das schöne Wort Erbsmasse, das man oft anstatt Erbmasse hört, müßte ich anzuführen, und da muß das s auch nur wegen des fatalen Anklangs an Erbsen ausfallen, nicht aus formalen Bedenken.

Dem schweizerischen Schriftdeutsch sind dann weiterhin eine Anzahl eigentümlicher Wortbildungen eigen, von denen ich einige der gebräuchlichsten herausheben will. In Schützen-, Turner- und Sängerreden wird sehr gern das Wort Miteidgenossen gebraucht. Es liegt auf der Hand, daß hier die Vorsilbe mit durchaus vom Übel ist, denn der Begriff des mit liegt in der zweiten Hälfte der Zusammensetzung, Genossen, bereits darin; Mitgenosse kann man ebenso wenig sagen, wie etwa Mitgefährte oder Mitfreund. — Sehr verbreitet ist sodann das Wort beheizen, Beheizung; man macht da den Unterschied, daß man heizen vom Ofen, beheizen von den Wohnräumen sagt. Allein für beides, das ja an sich gar keinen Unterschied enthält, ist das Simplex heizen, Heizung da; und das falsche Compositum ist wahrscheinlich durch irrtümliche Analogiebildung mit beleuchten entstanden. Ebenso überflüssig erscheint uns die Vorsilbe be bei der im Schweizerischen so verbreiteten Form besammeln; allein hier liegt die Sache doch anders. Besammeln ist wie versammeln keine Neubildung, sondern ein altes, gutbezeugtes Wort (z. B. bei Stumpf), das auch in der Anwendung sich einigermaßen von sammeln wie von versammeln unterscheidet; wenn z. B. gesagt wird: „die Mannschaft wird

Abends 8 Uhr besammelt", so ist klar, daß dafür gesammelt nicht gesagt werden könnte, und auch versammeln entspricht nicht ganz, da es uns reflexiv geläufiger ist, als transitiv. Ich möchte also dies schweizerische besammeln nicht verwerfen. — Dagegen giebt es andere Fälle, wo falsche oder überflüssige Vorsilben sich in Neubildungen eingeschlichen haben. Ich führe das beliebte rückvergüten an. Es erinnert dies daran, daß vor einigen Jahren in Deutschland Postkarten „mit Rückantwort" verkauft wurden, bis der Generalpostmeister selber fand, daß doch jede Antwort eine Rückäußerung, also die Vorsilbe rück ein überflüssiges Anhängsel sei, worauf sie fortan in der That wegblieb. Ebenso steht es mit rückvergüten; vergüten besagt an sich schon dasselbe, die Zurückerstattung irgend welcher Auslage.

Das im Schweizerischen sehr gewöhnliche g e d e n k b a r anstatt denkbar kommt auch anderweitig vor und kann vertheidigt werden, da in älterer Zeit gedenken öfters in selber Anwendung wie das einfache denken gebraucht worden ist, während wir sonst allerdings meist einen andern Sinn damit verbinden.

Beliebt sind die schönen Neubildungen v e r e i n n a h m e n und v e r a u s g a b e n: „Bei dem Feste wurden gegen 1000 Fr. vereinnahmt"; „für den Umbau wurden 10,000 Fr. verausgabt", — dergleichen liest man alle Tage; das Wort V e r a u s g a b u n g braucht auch G. Keller. Weshalb nicht schlechtweg eingenommen, ausgegeben? — Ist es nicht unsinnig, anstatt der Zeitwörter, von denen die Wörter Einnahme und Ausgabe erst abgeleitet sind, nun von diesen abgeleiteten Hauptwörtern neue Zeitwörter zu bilden in durchaus gleicher Bedeutung? Denn neu sind diese Bildungen alle beide.

Dagegen möchte ich eine andere Neubildung verteidigen, nämlich das Wort v e r u n m ö g l i c h e n für unmöglich machen. Es ist das ein gutes Correlat zu ermöglichen, richtig gebildet (vgl. verunreinigen) und bezeichnend.

Nur schweizerdeutsch sind heutzutage die Worte **Kund-
same** für Kundschaft, **Bauersame** für Bauernschaft.
Ähnliche Bildungen fehlen sonst im heutigen Schriftdeutsch
durchaus; Gehorsam, ursprünglich auch die Gehorsame
lautend, ist wohl das einzige Substantiv, das die Adjectiv-
endung sam bewahrt hat. Indessen wenn sich jene Formen
auch nur bei schweizerischen Schriftstellern finden (Joh.
Müller, Pestalozzi, Gotthelf, Gottfr. Keller rc.), so sind sie
doch als gute alte Wörter beizubehalten; nur nicht in der
Form Bauernsame, wie Joh. Scherr schreibt, der von seinem
langjährigen schweizerischen Aufenthalt viele Formen und
Wörter des Alemannischen aufgenommen hat.

Dialektisch, aber gut und richtig gebildet (vgl. Nässe,
Säure) ist auch das Wort **Tröckne**, für das im Schriftdeutschen übliche Trockenheit; doch kommt das Wort in
der Form die Trockne auch im sonstigen Schriftdeutsch bisweilen vor, obschon meist bei älteren Schriftstellern.

Unter den Adjectiven ist sehr bedenklich das auch als
Adverb gebrauchte und ungemein häufig angewandte Wort
allfällig, das im Sinne von etwaig (etwanig) und etwa
gebraucht wird. Geht man auf die Entstehung zurück, so
so müßte allfällig etwas bedeuten, was **auf alle Fälle**
eintritt; gemeint ist aber etwas, was **allenfalls** eintritt; denn allenfalls hat seine ursprüngliche Bedeutung
verloren und bedeutet nicht mehr in allen Fällen, sondern
so viel als möglichenfalls. Wir finden das Wort nur bei
schweizerischen Schriftstellern, wie Zschokke, Gotthelf, Keller,
Sealsfield (der als in Solothurn lebend ja auch als schweizerischer Autor gelten darf); bei Grimm fehlt es ganz.
Nun ist es ja sicherlich immer noch schöner, als die schau-
derhafte Neubildung **allenfallsig**; aber da man mit
etwa und etwaig auskommt, wäre es wohl besser, wenn
allfällig auf den Dialekt beschränkt bliebe. Auch das Wort
diesfällig ist ebenso, wie das dem Kanzleistil angehörige **diesfallsig** oder das häßliche **diesbezüglich** zu
verwerfen; diese Wörter mögen ja mitunter den Vorzug

der Kürze und der Deutlichkeit haben, aber das allein darf ihnen doch noch nicht das Bürgerrecht verleihen.

In noch höherem Grade verwerflich ist das Dialektwort v o r i g, das man in der Schweiz allgemein im Sinne von frei, zur Verfügung stehend, von der Zeit gebraucht. Ich weiß nicht, welchen Alters sich das Wort erfreut; für das reine Schriftdeutsch sind jedenfalls „vorige Stunden" nur „vergangene", und jene Anwendung ist daher wohl rein dialektisch.

Dann giebt es eine Anzahl von Eigenschaftswörtern, die durch die Mode in Aufnahme gekommen, aber meist so nichtssagend als möglich sind. Dazu gehört u. a. das Wort e r h ä l t l i ch, das jetzt überall spukt. „Irgendwelches Material zu genauerer Untersuchung konnte nicht erhältlich gemacht werden" — das klingt freilich imposanter, als das schlechte „war nicht zu erhalten"! Fast alle Zusammensetzungen mit hältlich (es giebt auch behältlich, unterhältlich) sind mundartlich und meist verwerfliche Neubildungen. Aber unter den von Wustmann S. 99 verworfenen Adjektiven sind doch manche, um die es schade wäre, wenn man sie wieder aufgäbe. E i g e n a r t i g ist doch nicht genau dasselbe wie e i g e n t ü m l i ch; dieses ist ungefähr so viel wie originell, jenes entspricht mehr dem Wort original. Wenn ein Maler eine eigenartige Auffassung hat, d. h. eine, die seine besondere Individualität (Eigenart) offenbart, so werden wir diese Auffassung gewiß nicht eigentümlich nennen; und ebenso wenig werden wir, wenn wir finden, jemand benehme sich sehr eigentümlich, dafür eigenartig gebrauchen. S e l b s t l o s ist nicht identisch mit u n e i g e n n ü t z i g, sondern es bedeutet mehr; der Selbstlose entäußert sich seiner eigensten Interessen, seines Selbst, zu gunsten anderer, der Uneigennützige setzt nur die Rücksicht auf seinen Vorteil beiseite. Ebensowenig ist u n b e g r e i f l i ch und u n e r f i n d l i ch dasselbe. Man mag zugeben, daß unerfindlich eine schlechte oder falsche Bildung ist, insofern es wörtlich etwas bedeutet, was sich nicht erfinden läßt, daß also unfindlich besser wäre; aber es hat nun doch einmal seinen festen Sinn bekommen. Was mir unbegreiflich ist, das sehe ich überhaupt nicht ein, kann ich weder nach Inhalt noch nach Ursache begreifen; bei etwas Unerfindlichem kann ich nur die treibenden Ursachen oder Gründe nicht finden.

Und warum eifern gegen Wörter wie **zielbewußt** oder **unentwegt**? — Dadurch, daß diese Wörter so oft mißbraucht werden, sind sie doch noch nicht schlecht geworden! Beide sind ganz hübsche Metaphern, bei denen man sofort eine deutliche Vorstellung von der Sache hat: einer, der fest auf sein Ziel losgeht, oder einer, der sich durch nichts von seinem Wege bringen läßt.

Und **erheblich**? — „Früher sagte man **bedeutend** und **unbedeutend**", schreibt Wustmann S. 100. Ja wohl, aber doch erst seit Goethe; und wäre man damals, als dies Wort durch Goethe in die Mode kam, ebenso rigoros vorgegangen, wie Wustmann es heute thut, so hätten wir das Wort bedeutend heute auch nicht im Gebrauch.

Speziell schweizerisch ist **bemühend**, womit man etwas bezeichnet, was einen peinlichen oder ärgerlichen, kränkenden Eindruck macht. Meist wird es nur im Particip gebraucht; das Zeitwort bemühen im gleichen Sinne kommt zwar auch vor (z. B. bei Gotthelf), aber viel seltener. Man muß zugeben, daß das Wort in seiner hier so allgemeinen Anwendung jedem klar und verständlich ist; aber das hilft doch nicht darüber hinweg, daß diese Anwendung, die, soweit ich sehe, jüngeren Datums ist, mißbräuchlich ist. Bemühend ist, was Mühe macht, also was einem schwer fällt, was Arbeit kostet; der Begriff des Kränkenden, Verletzenden ist erst hineingetragen. — Ebenso dialektisch ist **köstlich**, nach allgemeinem Sprachgebrauch etwas, was sich durch große Vorzüge auszeichnet, als: „Bescheidenheit ist ein köstliches Gut", „diese Speise schmeckt köstlich"; im schweizerischen Gebrauch wird es aber sehr oft im Sinne von etwas, das viel kostet, gebraucht, also für kostbar oder kostspielig (wofür der Volksmund mit wunderlicher Etymologie „kostbillig" sagt); eine Anwendung, die zwar alt, aber gegenüber der jetzt vorwaltenden Bedeutung des Wortes auch mit Recht veraltet ist.

In unrichtiger Anwendung werden auch oft die Adjektiva zukömmlich und unzukömmlich gebraucht. Zukömmlich bedeutet etwas, wohin man kommen kann, was zugänglich ist, z. B. „die zukömmlichsten Werke der Befestigung"; daher ist unzukömmlich so viel als sicher. Weiterhin erhält es dann die Bedeutung dessen, was einem zukommt, also passend (so bei Gottfried Keller); Unzukömmlichkeit ist daher die richtige Uebersetzung für Inconvenienz. Nun ist es aber üblich, zukömmlich und unzukömmlich im Sinne von zuträglich und unzuträglich zu gebrauchen, was auf einer Verwechslung von zukommen und bekommen beruht.

Anders liegt die Sache, wenn der Schweizer das Wort habhaft in anderer Bedeutung gebraucht, als es in der Litteratur sonst üblich ist. Unser modernes Schriftdeutsch kennt nur: einer Sache habhaft werden oder sein und dergleichen, d. h. also in den Besitz derselben kommen. In der Schweiz spricht man aber von „habhaften Bürgern" und dergleichen, im Sinne von „hablich", b. h. vermögend, mit Besitz versehen, wohlhabend. Damit legt man jedoch dem Worte keinen neuen Sinn unter, sondern man hat nur die Bedeutung des ältern Sprachgebrauchs beibehalten, ist also zu dieser Anwendung durchaus berechtigt.

In falscher und ihrer Ableitung durchaus widersprechender Bedeutung werden sodann sehr oft die Eigenschaftswörter auf bar gebraucht. Bekanntlich bedeuten diese Eigenschaftswörter, die mit der Endung bar von Zeitwörtern abgeleitet sind, die Möglichkeit dieses Zeitworts, und zwar bei transitiven Zeitwörtern die passive Möglichkeit, also eßbar, was gegessen werden kann, trinkbar, was getrunken werden kann (eine scheinbare Ausnahme ist, wenn

wir nicht nur von einem „trinkbaren Stoffe", sondern auch
von einem „trinkbaren Manne" sprechen; aber das geschieht
nur in scherzhafter Ausdrucksweise mit beabsichtigtem Wider=
spruch gegen die ursprüngliche Bedeutung des Wortes).
Demnach ist es falsch, wenn im schweizerischen Schrift=
deutsch ganz gewöhnlich w ü n s ch b a r (und Wünschbarkeit)
im Sinne von wünschenswert gebraucht wird, z. B. „eine
Aufbesserung der Löhne ist in hohem Grade wünschbar";
denn wünschbar ist nur das, was man wünschen kann,
was sich wünschen läßt. Falsch ist ferner: „für mein An=
wesen suche ich einen z a h l b a r e n Käufer"; ein Käufer,
der zahlen kann, ist z a h l u n g s f ä h i g; die Kaufsumme
aber ist in gangbarer Münze z a h l b a r. — Bei andern
Wörtern auf bar liegt die Sache nicht so klar und deutlich.
So z. B. gleich bei dem Worte g a n g b a r, das wohl nicht
vom Verbum gehen, sondern vom Subst. Gang kommt
(wie z. B. dankbar, ehrbar); es bedeutet also etwas, was
Gang hat, was geht, und daher sprechen wir von gang=
barer Münze, von gangbaren Waaren; kann man aber
auch, wie das geschieht, von einer „gangbaren Wirthschaft"
sprechen,[1] d. h. einer solchen, die viel begangen ist? —
Ich glaube nicht; denn wenn die Wörter auf bar von ab=
strakten Substantiven gebildet werden, so drücken sie in der
Regel die aktive, nicht die passive Möglichkeit davon aus
(vgl. streitbar, scheinbar, wandelbar). So auch bei dem
Worte f e h l b a r, das ganz besonders in der Schweiz, doch
auch außerhalb derselben, in der Bedeutung gebraucht wird:

---

[1] Noch wunderlicher freilich ist es, wenn in den Zei=
tungen „eine frequente Wohnung" angezeigt wird, was doch
wohl eine in frequenter, d. h. belebter Gegend belegene bedeuten
soll. Dem Zugewanderten fällt auch die „frohmütige Wohnung"
anfangs als fremdartig auf; aber bei Licht betrachtet ist der
Ausdruck nicht so ungerechtfertigt, denn von „freundlicher Woh=
nung" sprechen wir doch auch sonst. Und wem erweckt nicht
der Ausdruck „eine frohmütige Wohnung" gleich die lebhafte
Vorstellung von Luft und Sonnenschein!

jemand, der sich einen Fehl hat zu Schulden kommen lassen. Allein fehlbar bedeutet, wie schon das negative „unfehlbar" erweist, jemand, der sich einen Fehl zu schulden kommen lassen ka nn: „wir sind alle fehlbare Menschen".

Ein anderer Fehler geht in seiner Anwendung weit über die schweizerischen Grenzen hinaus. Die Schweiz kennt zwar nicht das Institut der „einjährigen Freiwilligen", aber man spricht doch von „zweijährigen Teilnehmern eines Kurses", wo man Teilnehmer an einem zweijährigen Kurse meint; oder von „70ter Geburtstagsfeier", anstatt von der Feier des 70ten Geburtstages.

Es fehlt auch nicht an sinnwidrigem Gebrauche von Zeitwörtern. Da führe ich zunächst an das beliebte weiterfahren in der Bedeutung fortfahren. „Fahre weiter," sagt der Lehrer zum Schüler, der etwas übersetzt; aber nur der Kutscher, das Schiff, die Eisenbahn fährt weiter, der Schüler, der Lehrer, der Redner fährt fort. — Vormerken bedeutet, eine Person oder eine Sache für irgend welchen späteren Zweck aufzeichnen; ich kann mich also für die nächste Theatervorstellung vormerken lassen. Aber wenn man in dem Bericht über die Thätigkeit einer Aufsichtskommission liest: „es wurden nicht weniger als 132 Besuche vorgemerkt", so ist das Unsinn; denn diese Besuche sind nicht vorgemerkt, sondern vermerkt worden, d. h. notirt, aufgezeichnet. — Von mancher Seite wird auch der Gebrauch von bescheinen anstatt bescheinigen beanstandet. Im gewöhnlichen Schriftdeutsch bedeutet bescheinen allerdings nur „beleuchten": die Sonne bescheint die Erde. Allein wenn es für bescheinigen gesagt wird, so liegt da keine neuerdings eingerissene Nachlässigkeit, sondern älterer Sprachgebrauch vor; die Form kann daher ebenso tolerirt werden, wie von Eid sowohl beeiden als beeidigen gebildet wird.

Unrichtig gebraucht man auch verreisen, indem man den Unterschied, den die Sprache zwischen verreisen und abreisen macht, nicht beachtet. Wenn ich z. B. vier Wochen an einem Kurort bin und meine Rückreise ankündige, so fragt mich etwa der Wirt: „Sie wollen also morgen verreisen?" — Falsch; „Sie wollen also morgen abreisen?" müßte er sagen. Verreisen heißt einige Zeit auf Reisen zubringen; ich kann also sagen: „Ich gedenke auf vier Wochen zu verreisen und werde morgen früh abreisen". Ich kann auch, wenn ich in meinem Wohnorte bin, sagen: „Ich verreise morgen"; aber wenn ich in der Fremde bin und weiter oder heimreise, so kann ich nur sagen: „Ich reise morgen ab".

In manchen Fällen glaubt aber der Deutsche, namentlich der Norddeutsche, sehr mit Unrecht, eine falsche Anwendung eines Zeitwortes zu sehen, wo eine ganz berechtigte und nur im üblichen Schriftdeutsch seltenere vorliegt. So z. B. bei etwas verdanken im Sinne von „für etwas Dank sagen". Am häufigsten bedeutet heute verdanken freilich etwas anderes, nämlich „jemand für etwas Dank schuldig sein", wie z. B. „ich verdanke ihm mein Leben". Aber jene andere Bedeutung, mit der auch das in den Zeitungen so oft anzutreffende „Verdankung" zusammenhängt, ist nicht falsch; wir finden es bei unsern besten Autoren, wie Goethe, und Fichte macht sogar einmal das Wortspiel: „Verdanke er selbst der Gesellschaft, was er ihr zu verdanken hat", wobei das Wort im beiderseitigen Sinne gebraucht ist. — Ferner begrüßen. In Deutschland kennt man das heut fast nur noch im eigentlichen Sinne: man begrüßt einen ankommenden Freund, den Anbruch des Tages, einen geistigen Fortschritt ꝛc.; wenn wir aber hier hören, daß man den Gemeinderat begrüßt, damit er eine neue Straße erbaue, so kommt das dem Deutschen meist wunderlich und falsch vor. Allein diese Bedeutung, eigentlich hervorgegangen aus dem Gedanken, „jemand mit freundlichem Gruß um etwas angehen", ist alt und gut; von Luther bis Goethe fehlt es nicht an Belegen für diese Anwendung, die also keineswegs eine dialektische ist.

Dagegen gehört mehr zu den Modewörtern des Bureaustils als zu den Provinzialismen das beliebte entfallen, z. B. „auf 500 Loose entfallen 50 Gewinne", statt des einfachen fallen. Mit Recht sagt Wustmann S. 103: „Entfallen verlangt doch die Angabe der Person, der etwas entfällt." — Ebenfalls ein Modewort ist das intransitive es erübrigt. Der ältere Sprachgebrauch kennt nur das transitive etwas erübrigen, d. h. ersparen, übrig behalten; jetzt ist es aber fein, zu sagen: „es erübrigt uns noch, den letzten Punkt zu besprechen"; ja, selbst die Bildung: „es übrigt mir noch" kann man bisweilen finden.

Eine hübsche Menge unrichtiger oder thörichter Ausdrücke finden sich unter den Adverbien und adverbialen Ausdrücken. Wie oft liest man das allerliebste wünschenden falls, über das sich G. Keller im Martin Salander lustig gemacht hat! Wenn man sich nur den Unsinn klar machen wollte! Denkt man an ähnliche Bildungen, so heißt jedenfalls so viel als auf jeden Fall, bestenfalls: im besten Falle, keinenfalls: auf keinen Fall (blos allenfalls nicht: in allen Fällen, sondern so viel wie möglichenfalls); demnach wäre wünschendenfalls so viel als im wünschenden Falle, wie convenirendenfalls: im convenirenden Falle. Allein der Fall kann mir zwar conveniren, er kann aber nicht wünschen; der wünschende ist nicht der Fall, sondern die Person.

Mißbräuchliche Anwendung erfahren vornehmlich die Wörter beiläufig und bereits. Beiläufig gebraucht man namentlich in Oesterreich, doch auch vielfach in der Schweiz im Sinne von „ungefähr", also: „die Kosten betragen beiläufig 100 Fr.", während man unter beiläufig doch nichts anderes verstehen kann, als daß etwas nebenbei bemerkt oder gethan wird. Wenn Sealsfield-Postel es in jenem ersten Sinne gebraucht, so mag dahingestellt bleiben, ob es ihm seine österreichische Abstammung oder seine zweite schweizerische Heimat in die Feder diktirte. — Bereits, in der Bedeutung beinahe, anstatt schon, ist wesentlich zürcherisch: „eine bereits neue Nähmaschine ist zu verkaufen", liest man täglich. Zur Verteidigung dieses Gebrauches dürfte sich schwerlich etwas anführen lassen, selbst Grimm weiß sich dafür auf nichts anderes, als auf zürcherische Zeitungen zu berufen.

Fraglich ist, ob der häufige Gebrauch von beförderlichst (auch mit Beförderung) im Sinne von schleunigst, baldigst, zu rechtfertigen ist. Grimm kennt beförderlich nur in der Bedeutung von nützlich oder bequem; als Gegenteil erscheint meist hinderlich, nachteilig u. dgl. Auf jeden Fall ist es daher besser, in jener andern Bedeutung das Wort förderlich zu gebrauchen; auf das förderlichste ist in der That so viel als auf das schnellste. (Man vgl. den Gebrauch der Verba: ein Gegenstand wird an einen Ort befördert; eine Arbeit, die Eile hat, wird gefördert.)

Dagegen sind andere Adverbia, denen man im gewöhnlichen Schriftdeutsch selten oder nie begegnet, trotzdem gut und brauchbar. So sammthaft für insgesammt, das ein altes Wort von richtiger Bildung ist; vorab in der Bedeutung besonders, vornehmlich, gewissermaßen was vor anderen genommen wird (so bei Möser, Rückert u. a.); anhin, namentlich in der Verbindung bisanhin für bisher, ein gutes altes Wort, von dem Grimm bedauernd sagt, „man habe diese wohllautende, gefüge Partikel später liegen lassen". Dagegen ist anmit für hiermit, z. B. „die Gläubiger werden anmit aufgefordert, sich zu melden", Curialstil (der sogar die Bildung anburch und anmit kennt); stetsfort für immerfort, dortselbst für daselbst sind an sich nicht unrichtige Bildungen, aber veraltet und ungewöhnlich.

Als eigentümlich dialektischer Gebrauch ist dann die Anwendung von Tochter im Sinne von Mädchen oder Jungfrau hervorzuheben. Dieser Brauch ist allerdings auch dem übrigen Schriftdeutsch in bestimmten Fällen eigen, man hat auch in Deutschland Töchterschulen, Töchteralbums ꝛc. — wunderlicher Weise, da man ja ebenso gut Söhneschulen, Söhnealbums haben müßte, was nicht der Fall ist. Im schweizerischen Schriftdeutsch ist aber Tochter auch sonst in jener allgemeinen Bedeutung sehr verbreitet. Man sucht eine brave Tochter in irgend einem Geschäft unterzubringen; man spricht von einer „Ladentochter"[1]) (vermutlich nach Analogie mit Königstochter gebildet) und eine solche bleibt dann auch Tochter, selbst wenn sie sechzig Jahre alt und längst vater- und mutterlose Waise ist. Vermutlich hat sich dieser Brauch dadurch eingebürgert, daß man sich gewöhnt hat, in den Zeitungsannoncen, — denn diese sind der Platz, wo sich die „Töchter" am meisten breit machen, — unter „Mädchen" speziell Dienstmädchen zu verstehen. Kehre man daher nur einfach zu den guten alten Wörtern Magd oder Dienstbote zurück, dann wird man auch statt der Tochter wieder Mädchen oder Jungfer schreiben können, wenn einem Fräulein zu vornehm dünkt.

Aus den Zeitungen wird auch jedem gegenwärtig sein, daß man bei Ausschreiben gefundener Gegenstände oft lesen kann: „gegen Erkenntlichkeit abzuholen da und da". Auch dies ist offenbar falsch. Richtig ist es allerdings, zu sagen: „ich werde mich erkenntlich bezeigen"; aber das Wort Erkenntlichkeit bezeichnet eine Eigenschaft, nicht ein Ding, bedeutet also nicht, was es im angeführten Falle bedeuten soll, so viel als Belohnung, Finderlohn oder dgl.

Es fehlt sodann auch nicht an Modewörtern, die als beliebte Flickwörter überall eingeschoben werden, wo sie meist durchaus überflüssig sind. So das unendlich oft gebrauchte bezüglich. Wird irgendwo eine Lieferung ausgeschrieben, beispielsweise für Herstellung eines Gartenzaunes, so heißt es ganz sicherlich: „die bezüglichen Bedingungen (nicht einmal die hierauf bezüglichen, sondern schlechtweg die bezüglichen) sind da und da einzusehen",

---

[1]) Eine ähnliche wunderhübsche Bildung ist der „Postknabe", d. h. ein Knabe, der Botengänge besorgt, wofür man das schöne Zeitwort „posten" erfunden hat.

ober: „die bezüglichen Eingaben sind bei diesem oder jenem einzureichen", — als ob es dem Bewerber einfallen würde, eine Eingabe für Herstellung eines Kuhstalles anstatt eines Zaunes einzureichen, wenn nicht dieses bezüglich ausdrücklich dabeistünde! — Man kann darauf wetten, daß in 99 von 100 Fällen dieses bezüglich unbeschadet des Sinnes und des Verständnisses einfach wegbleiben könnte. Und dasselbe gilt von betreffend; „für jedes Fach haben wenigstens zwei Mitglieder als besondere Sektion die betreffende Prüfung abzunehmen", — natürlich die betreffende, es wird doch niemand einfallen, daß sie die Prüfung in einem andern Fache abnehmen, wenn vorher ausdrücklich „für jedes Fach" gesagt ist. — Ebenso, wenn auch etwas minder häufig, findet sich das Particip erfolgt als unnöthiges Flickwort. „Der Verein beteiligte sich auf erfolgte ehrende Einladung an dem Feste". Natürlich muß die Einladung erfolgt sein, sonst wäre sie ja überhaupt nicht da. Oder: „nach erfolgter Begutachtung", „nach erfolgter Anfrage" — als ob das nicht alles selbstverständlich wäre!

Ganz besonders arg aber ist der Mißbrauch der Wörter jeweilen und jeweilig. (Nebenbei bemerkt: jeweilig ist nur Abjectivum, nicht Adverb; es ist daher falsch, wenn G. Keller schreibt: „was sie einander jeweilig ungesäumt zuraunten.") „Die Kurse finden jeweilen während des Sommersemesters statt"; „das Thermometer sank nachts jeweilen auf — 13° Celsius"; „der Pfarrer war jeweilen Präsident der Armenpflege;" „jeder festliche Anlaß wurde in seiner jeweiligen Anlage und Durchführung ausführlich besprochen" u. s. f. Ja wozu dienen denn diese jeweilen und jeweilig? Daß das Gesagte sich nicht auf etwas einmaliges bezieht, sondern für jeden einzelnen Fall gilt, das liegt doch auf der Hand und ist auch ohne dies jeweilen deutlich. Oder sagen wir etwa: „die Rosen blühen jeweilen im Sommer", — „im Winter giebt es jeweilen Schnee und Eis", — „der gute Mensch in seinem dunkeln Drange ist sich jeweilen des rechten Weges wohl bewußt" — ?

Als überflüssiges Flickwort erscheint nicht selten auch das Wörtchen dann. Wenn es heißt: „In zwei Fächern mußte gleichzeitig Unterricht gegeben werden, was die Schüler in dem einen Fache dann verhinderte, das andere auch zu besuchen", so ist das dann selbstverständlich durchaus vom Übel; und liest man: „er war gezwungen, bei guter Arbeit Verluste zu erleiden oder dann Pfuscharbeit zu liefern", oder: „es schienen meistens gut gedachte und gemalte Landschaften oder dann einzelne schöne Portraitköpfe" (G. Keller), so ist dann geradezu falsch, weil es einen ganz ungehörigen Begriff hineinbringt und den Sinn entstellt.

Wir haben im Vorhergehenden schon öfters Gelegenheit gehabt, auf Wörter hinzuweisen, die wesentlich im schweizerischen Schriftdeutsch üblich, aber nichtsdestoweniger durch Alter und Bildung empfohlen und daher keineswegs als bloße Provinzialismen zu verwerfen sind. Unsere besten Schriftsteller haben den Schatz guter und kräftiger Ausdrücke, der in diesen schweizerischen Idiotismen liegt, wohl erkannt. In den Briefen, die neueste Litteratur betreffend, Brief 14, bespricht Lessing Wielands „moralische Betrachtungen und Urteile", ein Buch, das in der Schweiz niedergeschrieben worden ist, und wirft dem Verfasser vor, daß er zu viel Fremdwörter gebrauche. „Wenn uns Herr Wieland," sagt Lessing, „statt jener französischen Wörter so viel gute Wörter aus dem schweizerischen Dialekte gerettet hätte, er würde Dank verdient haben. Allein es scheint nicht, daß er sich in diesem Felde mit kritischen Augen umgesehen. Das einzige Wort entsprechen habe ich ein oder zweimal mit Vergnügen bei ihm gebraucht gefunden. Es ist schwer, sagt er einmal, die Lehrer zu finden, die solchen Absichten entsprechen (respondent). Dieses entsprechen ist jetzt den Schweizern eigen, und nichts weniger als ein neugemachtes Wort. Denn Frisch führt bereits eine Stelle aus Kaisersbergers Postille an, wo es heißt: „Die Getät und der Nom sollen einander entsprechen." Wir sehen, daß das alte, heute über allgebräuchliche Zeitwort entsprechen in der Mitte des vorigen Jahrhunderts nur noch in der Schweiz lebendig, in Deutschland aber verschwunden war; etwas weiterhin führt Lessing aus der Wieland'schen Schrift noch einige andere, ebenfalls in Deutschland nicht verstandene Wörter an, „die aber viele Leser zu verstehen wünschten, weil sie wirklich etwas besonderes auszudrücken scheinen; dergleichen sind: hürisch, ringsinnig, abschätzig, Schick 2c." Auch von diesen sind die beiden letzteren heut in Deutschland allgemein gebräuchlich. Ähnlich wie Lessing wünscht auch der bekannte Verfasser des Demokritos, Weber, „eine Bereicherung der deutschen Sprache mit altdeutschen Kernwörtern des Schweizeridioms", wobei er freilich etwas weit geht, da er nicht nur kommlich für bequem, meineidig für schlecht, sondern auch Brenz für Branntwein und selbst Donnerschieß aufgenommen wünscht.

In der That enthält das Schweizerische noch eine Fülle von Wörtern und Ausdrücken, die eine wünschenswerte Erweiterung unseres deutschen Sprachschatzes ausmachen würden, wenn man jenseits des Rheines davon Gebrauch machen wollte. Die besten schweizerischen Schriftsteller, vor allen Keller, gebrauchen sie gern und mit offenbarer Absicht; gerade diese Wörter sind es ganz besonders, die vielen schweizerischen Litteraturerzeugnissen den ihnen eigenen kräftigen „Erbgeruch" verleihen, um dies viel mißbrauchte Wort an einer Stelle zu gebrauchen, wo es durchaus am Platze ist. So z. B. — ich greife nur einiges heraus — könnte be= elenden (das beelendet mich, d. h. es erregt mir ein schmerzliches Gefühl) sehr gut weitere Aufnahme finden; auch es lächert mich kennt man im Reiche nicht überall, ebenso wenig das treffliche es windet; die durchaus bezeichnenden und guten Wörter äufnen, flöchnen, für die es gar keine entsprechenden schriftdeutschen Ausdrücke

gibt, sind anderwärts gleichfalls unbekannt. Auf die ganze
Fülle guter alter Hauptwörter, namentlich für konkrete Dinge,
die sich im Schweizerischen noch erhalten haben, während sie
im Schriftdeutschen ganz oder teilweise verschwunden sind,
will ich nur hinweisen. Unter den Präpositionen hat sich das
alte innert für innerhalb noch im Gebrauch erhalten und
soll daraus auch nicht vertrieben werden; nur freilich muß
es richtig gebraucht, d. h. mit dem Genetiv, nicht mit dem
Dativ construirt werden. Alt und gut ist auch das in
Norddeutschland nur noch in Zusammensetzungen (bergab,
hinab) und in Formeln (ab und zu, auf und ab) erhaltene
ab. Wustmann irrt, wenn er S. 261 meint, es sei in
der Schweiz nur noch „vereinzelt" im Gebrauch: vielmehr
liest man „ab dem Hause", „ab dem Lande" u. dgl. sehr
oft. Wustmann möchte es ganz ausmerzen; „was soll uns
plötzlich dieser Provinzialismus?" fragt er. Allein es ist
nicht richtig, daß ab überall durch von ersetzt werde. In
manchen Fällen allerdings; wenn „eine Musikgesellschaft
ab dem Lande" sich zu Konzerten anbietet, so besagt „vom
Lande" genau dasselbe. Wenn aber der Kaufmann an=
zeigt, er liefere den Centner Kohlen „ab dem Bahnhof"
zu so und so viel, so ist das nicht identisch mit „von dem
Bahnhofe", sondern mit „von dem Bahnhofe ab". In
solchen Fällen also, wo ab nicht schlechtweg von ist, son=
dern so viel wie von — ab, darf man, wie mich dünkt,
auch dieser von Wustmann in den Bann gethanen Prä=
position sich bedienen.

Dagegen ist nun aber nicht zu verkennen, daß die
Fremdwörterseuche, vor allem der Gebrauch fran=
zösischer Wörter, in der deutschen Schweiz noch viel ärger
grassirt als drüben im Reiche. Ich will hier auf dies Ge=
biet, das gar zu umfangreich ist, nicht näher eintreten, nur
aufs Geratewohl einige besonders beliebte Wörter, die sich
bequem durch gute deutsche ersetzen lassen, herausgreifen.
Das Wort Linge für Wäsche oder Leinenzeug mußte
bereits Lessing a. a. O. Wieland auf, der es sich in der

Schweiz angewöhnt hatte; den deutschen Ausdruck findet man hier nirgends, auch in Zusammensetzungen heißt es Babelinge, Lingekasten u. dgl. Ebenso wird statt des guten Stückfaß Piece gesagt, anstatt Gefrornes Glace, statt Weste Gilet, für Schaufenster oder Auslage Montre und so fort mit Grazie in infinitum, um davon nicht zu sprechen, daß es keine Schuster giebt, sondern nur Cordonniers oder Bottiers, keine Eßwaaren, sondern Comestibles, keinen Eigentümer, sondern nur einen Proprietaire ꝛc. ꝛc.

Und dann dieser fürchterliche Mißbrauch des à! Man könnte es noch ertragen, wo es wenigstens in dem bestimmten Sinne des Stückpreises angewendet ist, z. B. „Wiener Sessel à 8 Fr.", d. h. das Stück zu 8 Fr.; aber man bleibt dabei nicht stehen, sondern gebraucht à schlechtweg für das deutsche zu, schreibt also: „ein Zimmer à 15 Fr."; „eine kleine Wohnung à 4 Zimmer"! — Und dann nun gar die beliebten lateinischen Präpositionen, namentlich per und pro! Man sucht nicht eine Wohnung für den ersten April, sondern pro 1. April, was viel feiner klingt; man hat nicht aus Zufall sein Mobiliar billig zu verkaufen, sondern per Zufall; man sucht ein Dienstmädchen nicht für sofort, sondern per sofort oder per 1. Mai, und man giebt 25 Fr. Lohn per Monat. — Auch das gute „siehe" hat man verlernt; „Näheres vide Circular"! — Es ist komisch, daß diese Sprachmengerei gerade von den Leuten betrieben wird, deren Kenntniß des Lateinischen sich auf die eben angeführten Wörter durchaus beschränkt.

II.
Zur Formenlehre.

Beginnen wir mit der Deklination, so möchte ich da zunächst aufmerksam machen auf die sehr verbreitete Unsitte, die Wirtshäuserbezeichnungen in der flektirten Form zu gebrauchen, also Hotel Storchen, Pfauen, Bären, Ochsen ꝛc. zu sprechen und zu schreiben. Der Fremde, der sich diese ungrammatischen Wirtshausschilder nicht erklären kann, fühlt sich manchmal versucht, einen Bindestrich einzufügen und Hotel=Ochsen oder Hotel=Bären zu lesen. Obgleich man nun sogar soweit geht, auch das Wort Hotel wegzulassen und als Nominativ zu sagen: der Pfauen, der Storchen ꝛc., so sind das doch selbstverständlich keine Nominative, sondern die Dativformen, hervorgegangen aus der ursprünglichen und richtigen Bezeichnung Hotel zum Pfauen, zum Bären ꝛc. Daraus das zum wegzulassen und nun den Dativ als Nominativ zu gebrauchen, während sonst kein Mensch die betreffenden Thiere im Nominativ Ochsen, Storchen, Hirschen nennt, ist doch sicherlich ein Unfug.

Das Wort Baute als Singular findet sich zwar auch bei Goethe und Uhland, öfters bei Jean Paul, ist aber heutzutage wesentlich nur dem schweizerischen Schriftdeutsch eigen, während das nichtschweizerische nur den Plural die Bauten kennt, für den Singular aber Bau, Bauwerk oder Gebäude gebraucht. Die Singularform Baute (auch in Zusammensetzungen gebräuchlich), wie Umbaute, Neubaute) ist nicht etwa ein gutes altes Wort, das Schutz und Aufnahme verdient, sondern eine Neubildung, die eigens als Singular zu der Pluralform gebildet worden ist. Allerdings verstößt, wie Grimm bemerkt, das Wort selbst gegen das Gesetz unserer Sprache, das Baude er=

fordert (vgl. Gebäude), und am richtigsten wäre es, nicht bloß den Singular, sondern das ganze Wort überhaupt fallen zu lassen; indessen da man zu Worten, wie Neubau, Umbau, die ja nicht bloß als Abstrakta, sondern auch als Konkreta gebraucht werden, keinen andern Plural hat, so wird es wohl bei Neubauten ꝛc. bleiben müssen.

Beim Plural ist das öfters zu findende falsche n und en der Mehrzahl anzumerken. Am häufigsten ist es bei dem Wort Tochter zu finden, dessen Plural schweizerisch die Töchtern lautet. Nun gehört aber Tochter ebenso wie Mutter zu den wenigen weiblichen Substantiven, die in der starken Form deklinirt werden. — Ferner liest man öfters (z. B. bei Gotthelf) den Plural die Koffern. Auch dies ist falsch; wenn auch nicht, wie Wustmann S. 37 behauptet, alle Masculina und Neutra auf el und er zur starken Deklination gehören (Vetter und Gevatter sind Ausnahmen, Plural: Vettern, Gevattern), so doch weitaus die meisten, und dahin gehört auch Koffer. Hingegen kann ich Wustmann nicht zugeben, daß es nur die Pantoffel, nicht aber die Pantoffeln heißen könne; heißt doch auch der Plural von Muskel: die Muskeln.

Ganz falsch ist auch der oft anzutreffende Plural die Resten. Man hat beim Wort Rest hinsichtlich der Pluralbildung nach der Bedeutung zu unterscheiden. In abstraktem Sinne gebraucht, wenn es sich um den Rest einer Arbeit oder Handlung, einer Zeitdauer, des Lebens ꝛc. handelt, hat es überhaupt keinen Plural; man kann nicht zu einer Anzahl von Schülern sagen: „Gebraucht die Reste eurer Schulzeit mit Verstand", sondern nur „den Rest". Handelt es sich dagegen um konkrete Dinge, um das, was übrig bleibt von Mahlzeiten, von Stoffen oder sonstigen Waaren, so heißt der Plural Reste. Kaufmännisch gebraucht man öfters, namentlich bei Schnittwaaren, den Plural Rester, aber auch diese Bildung ist als Jargon zu verwerfen. — Falsch ist auch der Plural Zelten anstatt Zelte.

Sehr verbreitet sind auch in der Schweiz wie in Deutschland (s. Wustmann S. 41) die falschen Plurale italienischer Wörter, wie Porto, Motto u. s. w. Bekanntlich heißt der italienische Plural davon die Porti, die Soli, die Colli; man muß also entweder diese wirkliche Pluralform beibehalten oder die Singularform mit dem s der Mehrzahl gebrauchen und sagen: die Portos, die Collos, Solos, Mottos. Ganz falsch ist aber, beides zu verbinden und von Solis, Portis, Collis zu sprechen. Ebenso darf man nur sagen: die Lazzarones oder die Lazzaroni, nicht aber die Lazzaronis; auch Maccaroni ist bereits Plural, Maccaronis also falsch. Umgekehrt liest man sehr oft den falschen Singular ein Colli, anstatt ein Collo.

Unrichtiges Geschlecht ist im Schweizerischen im allgemeinen seltener, als in vielen niederdeutschen Dialekten. Wo Abweichungen vom allgemeinen deutschen Sprachgebrauch vorkommen, lassen sie sich meistens sprachgeschichtlich begründen. So ist das Wort Bereich hier meist männlich, anderwärts sächlich; richtig ist aber beides. Eine nicht zu beantwortende Frage ist auch, welches Geschlecht das Wort Zubehör eigentlich haben soll. Faktisch findet man alle drei Geschlechter; „eine Wohnung von sechs Zimmern mit aller Zubehör" und „mit allem Zubehör" liest man täglich in der Zeitung, ohne daß man eines davon mit Bestimmtheit als das allein richtige bezeichnen könnte. Ganz falsch ist freilich, was man auch mitunter finden kann, die Zubehörde.

Sehr verbreitet sind die falschen Genetivbildungen. Den von Wustmann S. 58 mit Recht gerügten Verbindungen, wie Verein Leipziger Lehrer, Gemälde Berliner Künstler, schließen sich bei uns Benennungen an, wie der kürzlich entstandene Verein Züricher Wohnungsmieter. Es ist begreiflich, weshalb man bei diesen Bildungen den Artikel weggelassen hat; ein Verein der Züricher Wohnungsmieter würde eben alle Mieter in Zürich umfassen, während doch durch den Namen ausgedrückt werden soll, daß nur ein Teil derselben den Verein bildet. Der Ausweg liegt hier auf der Hand. Züricher ist ebenso wie Schweizer, Berner, Baseler kein Eigenschaftswort, sondern ein Hauptwort; die entsprechenden Eigenschaftswörter aber lauten schweizerisch, zürcherisch, bernerisch, baslerisch ꝛc. Wenn man nun in der Regel die kürzere, eigentlich dem Hauptwort angehörige Form wählt, so ist das in Fällen, wo keine Zweideutigkeit dadurch entstehen kann, also z. B. im Nominativ: „Züricher Bürger haben beschlossen u. s. w.," durch den Usus gerechtfertigt; sagt man doch auch Schweizerdeutsch, Genferkreuz ꝛc. Bei Anwendung des Genetivs Pluralis aber muß man zum eigentlichen Adjectivum greifen und daher sagen: Verein zürcherischer Wohnungsmieter, Gemälde schweizerischer Künstler u. s. f.

Es giebt auch noch andere Fälle, wo der Gen. Plur. mit dem Nomin. gleichlautet und daher vermieden werden muß. So ist z. B. die Wendung: „die Gesellschaft, deren Gründer und Förderer er einer war," nicht gut; denn wenn man den Anfang des Relativsatzes liest, so glaubt man, daß „Gründer und Förderer" der Nominativ ist, und erst hinterdrein merkt man, daß es der Genet. sein soll. Hier müßte man also sagen: „von deren Gründern und Förderern er einer war". — Nicht minder falsch ist: „für unsere Bauausführung bedürfen wir zwei Bauführer". Bedürfen regiert ja den Genetiv, und dieser heißt „zweier Bauführer":

Unter den Zeitwörtern, die stark und schwach conjugirt werden (s. Wustmann S. 67), wird hängen — hangen auch in der Schweiz nicht mehr scharf getrennt. Von hangen sind nur noch wenig Formen wirklich im Gebrauch; man sagt ganz ebenso: ich hing meinen Hut auf (anstatt: ich hängte), wie: mein Hut hing an der Wand; ganz ebenso: wir lassen ihn hängen, als: wir sehen ihn hängen (anstatt hangen), und Wustmann hat daher wohl recht, wenn er meint, beide Wörter jetzt noch streng auseinanderhalten zu wollen, sei vergebliches Bemühen.

Ebenso ist es fast überall in Deutschland mit **wägen** und **wiegen**; man sagt ebenso: „das Brot **wiegt** zu wenig", wie: „der Bäcker **wiegt** (anstatt **wägt**) das Brot". Damit ist es hier besser bestellt; im schweizerischen Schriftdeutsch ist der Unterschied noch lebendig, und wer hier sagen wollte: „ich habe mich wiegen lassen," würde ausgelacht werden. Specifisch schweizerisch aber ist die falsche Conjugation von **speisen**, dessen Particip man hier durchweg **gespiesen** bildet (nach Analogie von **weisen**) anstatt **gespeist** (nach Analogie von **reisen**); dialektisch, aber über die schweizerischen Grenzen hinausgehend, ist das Partic. **gewunken** von **winken**, das wir bei Kerner, Uhland, Keller und sonst im Oberdeutschen finden, das aber für den Niederdeutschen geradezu komisch klingt und in gehobener Diktion unmöglich ist. Von **fragen** sind beide Conjugationsformen: er **frägt**, ich **frug** und er **fragt**, ich **fragte** hier gebräuchlich. Wustmann meint (S. 70), die Form **frug** komme vom Niederdeutschen, das allerdings auch die Form **jug** von **jagen** kennt (ja sogar **boll** von **bellen**, **kief** von **kaufen**). Allein die Formen **frägt** und **frug** sind doch im Oberdeutschen nicht minder verbreitet, was mir ihre Herkunft vom Niederdeutschen etwas fraglich erscheinen läßt. Mundartlich sind sie auf alle Fälle, aber so eingebürgert, wie sie fast überall sind, werden sie sich schwerlich noch beseitigen lassen.

Bei **stehen** hat sich das schweizerische Schriftdeutsch die gute alte Form **stund**, die im Niederhochdeutschen fast gänzlich durch **stand** verdrängt worden ist, noch bewahrt, auch in Zusammensetzungen, z. B. „die Rede **bestund** aus drei Teilen", daneben freilich: „ich **verstand** seine Meinung nicht". Im Neuhochdeutschen haben sich die alten Formen neben den neuen nur noch im Conjunctiv erhalten: ich **stünde** und ich **stände** gehen nebeneinander her.

Sehr verbreitet ist auch hier die falsche Conjugation zusammengesetzter Zeitwörter. Bekanntlich gibt es eine Anzahl mit Präpositionen (über, unter, um, durch, hinter) ober mit wieder zusammengesetzter Zeitwörter, die eine doppelte Bedeutung haben, eine eigentliche und eine bildliche; wie Wustmann S. 73 richtig bemerkt, wird bei denen, die die eigentliche Bedeutung haben, meist die Präposition betont (ü b e r s e tz e n, vom Fährmann), bei denen, die übertragene Bedeutung haben, dagegen das Zeitwort (übersetzen, aus einer Sprache in die andere). Dabei ist denn nun Regel, daß diejenigen Zeitwörter, die die Präposition betonen, sie bei der Conjugation abtrennen und das Part. Perf. Pass. mit der Vorsilbe ge bilden, also von übersetzen: ich setze über, ich habe übergesetzt; hingegen bleibt bei denen, die das Zeitwort betonen, die zusammengesetzte Form bestehen und das Part. wird ohne ge gebildet, also von übersetzen: ich übersetze, ich habe übersetzt. Hiergegen wird im modernen Schriftdeutsch dies= und jenseits des Rheines ganz besonders oft gefehlt. So liest und hört man: ich trage über (z. B. „ich trage diesen Posten in die Kapitalrechnung über", „ich trage die Skizze in den vergrößerten Plan über"), ich habe übergetragen („ein Erbe, das vom Vater auf den Sohn übergetragen wird"), anstatt ich übertrage, habe übertragen; oder: „ich gehe diese Ziffernreihe durch", anstatt ich durchgehe sie (die Pferde gehen durch!). Zweifelhaft könnte man sein bei übersiedeln, weil da bald übersiedeln, bald übersiedeln gesprochen wird. Wustmann behauptet, richtig sei nur: „wann siedelst du über?" „Ich bin soeben übergesiedelt", aber nicht: „wann übersiedelst du?" „Ich bin soeben übersiedelt." Ich bin nicht ganz dieser Ansicht, glaube vielmehr, daß übersiedeln zu brauchen ist, wenn die Ortsbestimmung dabei steht, übersiedeln dagegen, wenn es absolut gebraucht ist. Also: „Wann übersiedelst du?" — aber: „Wann siedelst du nach Bern über?"

Ganz regelmäßig muß Trennung eintreten bei Zeitwörtern, die mit a n zusammengesetzt sind. Hier wird auch durch die Bedeutung kein Unterschied in der Flexion hervor=

gerufen, so wenig wie in der Betonung. Anfahren z. B. hat ebenso eigentliche Bedeutung: Steine, Holz anfahren, als übertragene: jemand heftig anfahren; und in beiden Fällen heißt es: ich fahre an, ich habe angefahren. (Ebenso bei Zusammensetzungen mit vor, mit, bei u. a.) Nun ist es aber immer mehr stehend geworden: ich anerkenne anstatt ich erkenne an; ich anerbiete anstatt ich erbiete an zu sagen, während es freilich niemand einfällt, zu sagen: ich anbiete. Was anerkennen anlangt, so ist dieser Gebrauch auch in nichtschweizerischer Litteratur öfters zu finden, z. B. bei Goethe nicht selten; bei anerbieten (das als Verbum überhaupt nur bei schweizerischen Autoren und im älteren Schriftdeutsch üblich, sonst meist durch anbieten ersetzt ist, so daß nur das substantivische Anerbieten noch gebräuchlich geblieben ist) findet sich die ungetrennte Flexion nur im schweizerischen Schriftdeutsch, bei Keller, Scherr u. a. Allein beides ist sicherlich falsch. Man würde doch auch nicht sagen: „du anerziehst deinen Kindern diesen Fehler", sondern „du erziehst den Fehler an"; auch nicht: „ich angelobe", sondern: „ich gelobe an"; nicht: „dies angehört mir", sondern: „dies gehört mir an"; nicht: „ich angewöhne mir das", sondern: „ich gewöhne mir das an". Ebenso bei Zusammensetzungen mit anver; richtig: „ich vertraue dir dies an", nicht „ich anvertraue"; ferner: „ich befehle dies an", nicht „ich anbefehle dies"; „ich empfehle an", nicht: „ich anempfehle" u. s. f. Ganz dasselbe ist der Fall mit aberkennen, abgewinnen, abverdienen ꝛc., so daß also durchweg die Analogie die Trennung solcher Zeitwörter gebietet.

III.
Zur Syntax.

Auch in der Syntax bietet das schweizerische Schriftdeutsch manche Besonderheit dar neben Fehlern und Sprachdummheiten, die es mit dem übrigen Schriftdeutsch gemein hat. Zu letzteren gehört die im Kaufmannsstil so ungemein verbreitete und jedenfalls auch durch diesen in weitere Kreise, namentlich auch in den Briefstil eingedrungene Unterdrückung des Subjekts (vgl. Wustmann, S. 128), z. B.: „sende Ihnen hiermit eine Probe zur Ansicht", eine Mode, die wir auch hier aus Annoncen und Correspondenzen zur Genüge kennen. In der Regel ist es nur die erste Person, die ausgelassen wird, das Ich oder Wir; doch manchmal wird noch weiter gegangen. So stand jüngst in der Ankündigung eines Photographen zu lesen: „Vergrößerungen beliebe rechtzeitig aufgeben zu wollen". Der Mann hatte nicht blos bei den „Vergrößerungen" den Zusatz „Aufträge auf", sondern auch beim Verbum das „man" weggelassen — und wahrscheinlich geglaubt, sich besonders fein auszudrücken.

S. 135 führt Wustmann das falsche Passivum von reflexiven Zeitwörtern an, z. B.: „mit dem Beschlusse wurde sich einverstanden erklärt", was selbstverständlich verwerflich ist. Ebenso falsch ist, was man hier und da liest: „es haben sich mehrere Fälle gefolgt"; hier würde das einfache sind gefolgt durchaus genügen, will man aber das Reflexivum nicht missen, so muß es natürlich heißen sind sich gefolgt. Aber überhaupt sind gerade bei reflexiven Zeitwörtern grammatische Fehler im schweizerischen Schriftdeutsch gang und gäbe. So hört man aller Augenblicke: „ich bin mich überzeugt", anstatt „ich bin überzeugt"; ganz besonders aber: „ich bin mich gewöhnt". Sich gewöhnen kann aber ebenso wie sich überzeugen nur mit haben construirt werden, also: „ich habe mich gewöhnt"; will man den Zustand, nicht die Handlung ausdrücken, so heißt es: „ich bin gewohnt"; aber eine Verbindung beider Formen ist entschieden unzulässig.

Ganz greulich ist, um das bei dieser Gelegenheit mit anzuführen, das überall verbreitete sich befindlich: „eine im besten Zustande sich befindliche (richtig: sich befindende oder blos befindliche) Nähmaschine ist zu verkaufen"! Ein Adjectivum kann doch kein Reflexivpronomen im Accusativ regieren; anstatt sich befindend kann man ebenso wenig sich befindlich sagen, wie etwa sich erinnerlich für sich erinnernd.

Oft liest man auch in Annoncen: „man beliebe, sich zu abressiren an Herrn N. N." Man kann einen Brief, ein Gesuch an jemand abressiren, nicht aber sich selbst; vermuthlich ist hier das französische s'adresser schuld an der falschen Bildung.

Anderseits findet man oft genug eine solche Unterdrückung des Reflexivpronomens, wie z. B. bei dem sehr gewöhnlichen Briefschluß: „hochachtungsvoll empfehlend." Empfehlen ist doch kein intransitives Zeitwort, es verlangt ein Objekt; wen oder was empfiehlt denn der Betreffende hochachtungsvoll? — Doch sich selbst, und das sich darf daher nicht fehlen.

Eine auch hier sehr verbreitete Unsitte finde ich bei Wustmann nicht erwähnt: das ist die willkürliche Anwendung mancher Zeitwörter in passiver Construction. Dahin gehört vornehmlich das Wort belieben. Das gewöhnlichste ist die Construction: „dies oder jenes beliebt mir", oder „es beliebt mir, das zu thun". Dazu kommt dann die transitive Construction etwas belieben, die sich bereits bei Goethe findet, z. B.: „wir beliebten einen Spaziergang", was dann auch passivisch gewendet werden kann: „es wurde ein Spaziergang beliebt". Diese

Construction ist bereits eine Erweiterung des ursprünglichen Sinnes; denn eigentlich bedeutete „etwas belieben" nicht „etwas beschließen", sondern „etwas billigen, gutheißen". Allein da dieser erweiterte Gebrauch allgemeine Giltigkeit erlangt hat, so ist am Ende nichts dagegen einzuwenden; was soll man aber sagen, wenn man jetzt in gänzlich veränderter Construction und Bedeutung sagt: „es wird der Versammlung beliebt, das und das zu thun oder zu beschließen"! Das soll soviel heißen, als „es wird der Versammlung vorgeschlagen, ihr der Antrag gestellt, daß es ihr belieben möge". Ein derartiger Gebrauch des Zeitwortes ist entschiedener Mißbrauch und Unfug.

Ein anderes Beispiel ist das Wort bethätigen. Freilich ist die ursprüngliche Bedeutung des Wortes (es hieß betheidigen und bedeutete unterhandeln) längst verschwunden; aber der Sprachgebrauch hat sich doch dafür entschieden, daß man entweder das reflexive sich bethätigen an etwas, d. h. seine Thätigkeit an etwas wenden, gebraucht, oder das transitive bethätigen, wobei Subjekt eine Persönlichkeit, Objekt eine Eigenschaft (Fleiß, Ausdauer, Mut oder dergl.) ist, im Sinne von: zur That werden lassen. Man kann also sagen: „ich bethätige meine Energie; man kann aber nicht sagen: „jemand (eine Person) bethätigen", und daher ist es ganz falsch, zu schreiben: „in welcher Ordnung Lehrer und Schüler bethätigt werden sollen".

Auch der von Wustmann S. 135 gerügte Fehler ist im schweizerischen Schriftdeutsch ungemein häufig zu finden, daß sein anstatt werden gebraucht wird bei Aufforderungen, wie: „die Schulbehörden sind eingeladen", anstatt: „werden" eingeladen. Vielleicht hat auch hier fehlerhafte Nachahmung des Französischen den Anlaß zu dieser schlechten Ausdrucksweise gegeben.

Wie dieser Fehler jedoch zu den allgemein im Schriftdeutsch verbreiteten gehört, so auch der von Wustmann

S. 160 behandelte des falsch fortgesetzten Relativsatzes (z. B. „er entwendete verschiedene Kleidungsstücke, die er zu Gelde machte und sich dann heimlich von hier entfernte"). Nun ist das freilich ein Fehler, den man auch bei guten Schriftstellern findet. Ich entsinne mich zwar nicht, einer derartigen Construction bei Lessing begegnet zu sein, aber Goethe hat sie, bei Gottfried Keller ist sie nicht selten (z. B.: „aus welchem sie hastig ein Packet entnimmt, es öffnet und ein darin liegendes Papier entfaltet"). Allein das kann den Mißbrauch nicht sanctioniren; eine entschieden fehlerhafte Construction wird dadurch, daß hervorragende Schriftsteller sie hier und da einmal, und zweifellos unbewußt, gebraucht haben, noch nicht richtig, so wenig wie ein schlechter Reim deshalb zu einem guten wird, weil Schiller oder Heine ihn angewandt haben. Lessing hat sich nicht selten lateinische Constructionen erlaubt; das giebt uns noch lange nicht das Recht, sie ihm nachzumachen. Die falsche Fortsetzung des Relativsatzes ist daher entschieden zu bekämpfen, und um so energischer, je häufiger sie uns begegnet; kann man doch heute kaum eine Zeitung oder ein Buch aufschlagen, ohne auf solche Satzmonstra zu stoßen.

Auch eine andere Sprachflüchtigkeit, die Vernachlässigung des Kasuswechsels beim Relativum (Wustmann, S. 161) findet sich bei bessern Schriftstellern; so schreibt Keller einmal von einem Amte, „das der Großvater vor einem halben Jahrhundert einst bekleidet hatte und eine Art Sitten- und Eherichteramt gewesen war", wobei also das zugleich als Objekt und Subjekt zu dienen hat, was durchaus unzulässig ist; ähnlich ein andermal: „Ich muß nun gleich zu dem übergehen, was hiermit zusammenhängt und ich Dir vorzulegen habe," wo was zuerst als Nominativ und dann als Accusativ gebraucht ist.

Verwandt ist die fehlerhafte Zusammenziehung in Sätzen, wo das Zeitwort im ersten Satzteil dem Subjekt entsprechend im Singular steht und daran ein zweiter Satzteil mit einem neuen, im Plural stehenden Subjekt einfach angeschlossen wird; also z. B. „Zuwiderhandeln wird unbedingt **bestraft** und Eltern und Vormünder für Minderjährige **verantwortlich gemacht**"; ober: „der Beginn wird mit einem kurzen Glockenzeichen **angezeigt** und nachher die Thüren **geschlossen**". In beiden Fällen muß selbstverständlich noch ein werden hinzugefügt werden; freilich nicht so, wie es vielfach üblich ist, mit der Inversion nach und: „und werden Eltern und Vormünder 2c.", oder „und werden nachher die Thüren geschlossen", sondern entweder „und es werden", oder mit vorangestelltem Subjekt: „und Eltern und Vormünder werden verantwortlich gemacht". Diesen Fehler der Inversion nach und bespricht Wustmann S. 294 und tadelt ihn mit Recht. Auch die Inversion freilich findet sich bei unsern besten Schriftstellern, sollte aber trotzdem von jedem, der etwas auf seinen Stil hält, vermieden werden, — immerhin mit Beachtung der von Erbe S. 42 gemachten Zusätze, wonach die Inversion ausgeschlossen ist nach unterordnenden Bindewörtern, sowie nach und, aber, sondern, allein, denn; daß dagegen bei doch und auch beide Stellungen zulässig sind, und alle andern beiordnenden Bindewörter, wie denn, noch, indessen, gleichwohl, vielmehr, dagegen, deshalb, als, die Inversion geradezu verlangen.

Was den Mißbrauch der Conjunctionen anlangt, (Wustmann S. 163), so ist der in Oesterreich verbreitete falsche Gebrauch von nachdem anstatt da oder weil in der Schweiz nicht gerade häufig anzutreffen; dafür findet man sehr oft indem im gleichen Sinne gebraucht, z. B.: „im Winter wird mit Verlust gearbeitet, indem für diese Jahreszeit nicht genügende Bestellungen einlaufen." Indem giebt aber die begleitenden Umstände, nicht den Grund an. — Sehr oft liest man auch das altmodische ansonst, anstatt widrigenfalls; das ist nur Curialstil und sollte daher ebenso wie sintemal und alldieweil dem heutigen Schriftdeutsch erspart bleiben.

über eine recht schwierige und im einzelnen auch recht biscutable Sache, den Gebrauch von Indicativ und Conjunctiv, giebt Wustmann S. 170 ff. eine Menge Regeln, bei denen er freilich dem Sprachgebrauch mitunter etwas zu enge Grenzen zieht. Wenn er auf S. 184 darüber spottet, daß man jetzt so oft den Conjunctiv durch würde mit dem Infinitiv umschreibt (z. B.: „der Stil seiner Abhandlung wird oft so hoch, als wenn er über Goethe schreiben würde," anstatt „schriebe"), so ist das ein Fehler, dem man auch hier unendlich häufig begegnet, und zwar nicht blos in Bedingungs-, Vergleichungs- oder Wunschsätzen (so bei Gottfried Keller: „sie rieb sich die Hände, als ob sie frieren würde", anstatt „fröre"), sondern auch in Aussagesätzen, z. B.: „er sagte, daß er sich unwohl fühlen würde", anstatt „fühlte". Die Empfindung, daß dies würde nur dann am Platze ist, wenn das Ausgesagte nicht als Thatsache, sondern als Möglichkeit hingestellt werden soll, ist bei vielen Leuten ganz verloren gegangen. Also: „er sagte, daß er fleißig arbeiten würde, wenn er gesünder wäre"; aber: „er sagte, daß er fleißig arbeitete, da er wieder gesund wäre".

Auch der S. 189 gerügte Fehler des falschen Gebrauchs der Participien (z. B.: „die den Fürstensohn befallene Krankheit", „die stattgehabte Versammlung") macht sich bei uns überall breit; wer hätte nicht schon in Danksagungen bei Todesfällen gelesen: „das uns betroffene Unglück"? — oder: „die neulich so wohlgefallene Aufführung" oder bei Berichten über Versammlungen: „nach gewalteter Diskussion"? — Das einfache Gesetz, daß mit wenigen Ausnahmen nur die Participien so gebraucht werden können, die passiven Sinn haben, nicht aber die in aktivem Sinne zu verstehenden (das Unglück hat betroffen, die Aufführung hat gefallen, die Diskussion hat gewaltet), ist den wenigsten bekannt.

Nicht minder alltäglich ist der S. 193 ff. besprochene Lapsus, das unflektirte Participium auch da voranzustellen, wo es sich nicht auf das Subjekt des Satzes bezieht, also nach dem berüchtigten, geradezu als Warnungstafel aufzustellenden Beispiele: „Und bald, obgleich entstellt von Wunden, erkennt der Gastfreund von Korinth die Züge, die ihm theuer sind." Namentlich aus unsern Romanschriftstellern läßt sich eine reizende Blumenlese solcher Stilblüten zusammenstellen, doch fehlt es auch anderweitig nicht daran.

Etwas pedantisch dagegen erscheint uns S. 195 ff. die eingehende Polemik gegen den Gebrauch, statt des Bestimmungswortes einer Zusammensetzung ein Adjectivum zu setzen, also z. B. statt Fachbildung zu sagen fachliche Bildung. Unter den zahlreichen Beispielen, die Wustmann anführt, sind ja manche, vor deren Gebrauch mit Recht gewarnt wird, weil sie unschön sind, wie z. B. fachlich, farblich, gedanklich oder gar die scheußlichen Nachbildungen kulturell und maschinell. Wo wir dergleichen im schweizerischen Schriftdeutsch finden, da ist es nicht auf hiesigem Boden gewachsen, sondern importirte Waare, wie z. B. wenn eine Buchhandlung anzeigt, es sei ein neues Verlagswerk „textlich und illustrativ" auf's beste ausgestattet, anstatt „in Text und Illustrationen"; und es ist sicher kein Zufall, wenn bei Gottfr. Keller es gerade der Herr Louis Wohlwend ist, der von „kultureller Entwicklung" spricht. Aber man begreift nicht, warum man nicht mehr sagen solle: gesellschaftliche Ordnung, kriegerische Ereignisse, amtliche Pflichten, elterliches Haus, sondern da überall nur noch die Zusammensetzungen: Gesellschaftsordnung, Kriegsereignisse, Amtspflichten, Elternhaus, gebrauchen müsse. Wahrscheinlich dürfte man da auch nicht mehr singen: „Abe nun, ihr Berge, du väterlich Haus", sondern nur „du Vaterhaus!"

Und woher diese Forderung? — Wustmann behauptet, die Adjectiva auf lich bedeuteten eine Ähnlichkeit; königlich sei, was die Gestalt, die Art und Weise eines Königs hat. Dazu kann man doch nur ein großes Fragezeichen setzen; denn dann dürfte man ja nicht mehr sagen: der königliche Palast. Täglich ist doch nicht, was dem Tage ähnlich ist, sondern was dem Tage gehört; häuslich, was zum Hause gehört, u. s. f. Wollte man Wustmanns Vorschrift folgen, so dürfte man nicht mehr um das tägliche Brot bitten, sondern nur noch um das Tagesbrot; nicht mehr von einem nächtlichen Einbruch reden, sondern von einem Nachteinbruch! Es mag ja zugegeben werden, daß in zahlreichen Fällen der Gebrauch der Abjectiva anstatt der Zusammensetzungen ursprünglich fehlerhaft ist; wenn man anstatt von Religionsfreiheit von religiöser Freiheit spricht, so ist die Freiheit ebenso wenig religiös, wie bei gesellschaftlicher Ordnung die Ordnung gesellschaftlich ist; die Freiheit betrifft eben nur die Religion, wie die Ordnung die Gesellschaft. Aber wir dürfen doch nicht übersehen, daß dieser freie Gebrauch der Abjectiva sich viel weiter erstreckt und uns viel mehr in Fleisch und Blut übergegangen ist, als die Beispiele bei Wustmann andeuten. Wir sprechen von klassischer Philologie, aber kein Mensch will damit sagen, daß die Philologie selbst klassisch sei; bei einer theologischen Professur ist die Professur nicht theologisch; ja selbst bei einer deutschen Grammatik ist die Grammatik nicht deutsch (sie kann ja auch französisch geschrieben sein), sondern die Sprache, die die Grammatik behandelt. — In andern der von Wustmann verworfenen Beispiele ist dagegen der Gebrauch des Abjectivums derart, daß es nicht bloß, wie in den eben angeführten Fällen, attributiv, sondern wirklich auch prädikativ stehen kann; wir können wirklich sagen, daß Tage regnerisch sind, daß eine Landschaft winterlich aussieht, daß die Kraft jemandes schöpferisch ist, oder eine Regierung junkerlich. Weshalb dann regnerische Tage, winterliche Landschaft, schöpferische Kraft, junkerliche Regierung verboten und nur Regentage, Winterlandschaft, Schöpferkraft, Junkerregierung erlaubt sein sollen, das sehe ein wer kann.

Durchaus im Recht ist Wustmann, wenn er S. 212

gegen den immer mehr einreißenden Mißbrauch, die Adverbia auf weise adjectivisch zu verwenden (z. B. „die teilweise Erneuerung") eifert. Bequem mag es sein, da wir eine gute deutsche Übersetzung, des Adjectivs partiell nicht haben; aber lediglich um der Bequemlichkeit willen darf man der Sprache doch nicht Gewalt anthun. Wenn Wustmann vorschlägt, man solle anstatt jener weiblichen Adjectiva lieber mehr Verba gebrauchen, den Hauptsinn des Satzes durch Zeitwörter ausdrücken, so kann das nur gebilligt werden; doch bietet sich meist ein noch einfacherer Ausweg, den berührten Fehler zu umgehen, indem man nämlich das Adverb auf weise mit dem Substantiv durch ein Participium verbindet. Anstatt teilweise Erneuerung würde man also sagen: die teilweise vorgenommene Erneuerung (oder erfolgte, geschehene), oder, je nachdem es der Sinn erfordert, die teilweise vorzunehmende; anstatt: die ausnahmsweise Erlaubnis vielmehr die ausnahmsweis erteilte (zu erteilende) u. s. f. Solche Participien werden sich fast in allen Fällen einsetzen lassen, und damit ist der Fehler vermieden und der Sinn gerettet. Sehr häufig findet man auch den adjectivischen Gebrauch des Comparativs von oft: „die öftern Besuche". Allein da oft schon im 16. Jahrhundert auch im Positiv adjectivisch gebraucht worden ist, öfter auch bei Kant, Schiller, selbst von Grimm so gebraucht wird, darf der anfängliche Mißbrauch wohl heut als sanctionirt gelten.

Sehr entrüstet ist Wustmann S. 227 ff. über den übermäßigen Gebrauch des Wortes derselbe. In der That ist in den meisten Fällen, wo derselbe nicht seine eigentliche Bedeutung (idem, le même) hat, das Wort durchaus vom Übel. Wenn Wustmann das Beispiel giebt: „die Färbung der Kreuzotter ist nicht bestimmt anzugeben, da dieselbe an ein und demselben Individuum wechselt und nach der Häutung meistens heller erscheint als vor derselben", so ist hier sicherlich in beiden Fällen das derselbe schlecht, da sie und vorher völlig genügen würden; vgl. auch: „Der Verein hatte für 1869 das Kantonalturnfest übernommen und ist dasselbe von ihm zur unbestrittenen Zufriedenheit aller durchgeführt worden", wo es richtig heißen müßte: „und dieses ist". Noch schlimmer ist es, wenn dasselbe Subject bleibt und trotzdem mit derselbe fortgefahren wird. Es ist dies besonders ein Fehler, dem man zusammen mit der Inversion auch im schweizerischen Schriftdeutsch sehr oft begegnet; so z. B.: „In finanzieller Beziehung steht der Verein sehr günstig da und zählt derselbe gegenwärtig 115 Mitglieder"; oder: „eine eigene Festzeitung wurde in diesen Tagen herausgegeben und enthielt dieselbe u. s. f."

Das sind denn Fälle, in denen der Gebrauch dieses so beliebten Fürworts ein Unfug ist. Meist kann man es, wie in den letzten Beispielen, einfach weglassen oder, wie in dem ersten, durch er, sie, es oder dieser ersetzen, unter Umständen auch durch darauf, darnach u. s. w. Natürlich nur in solchen Fällen, wo Verwechslungen ausgeschlossen sind; aber letztere sind nur selten zu befürchten, und schließlich braucht man sich doch nur vor solchen Verwechslungen zu hüten, die einen Sinn haben, nicht aber vor solchen, die sich von vornherein verbieten. Wenn ich sage: „die Lage dieser Stadt ist sehr gesund, da sie ganz vor Nordwinden geschützt ist", so wird jedermann unter sie die Stadt verstehen, nicht die Lage; es wäre also thöricht, hier etwa „da dieselbe" zu sagen, um Mißverständnissen vorzubeugen.

Die Bemerkung Wustmanns (S. 239), daß gegen die Kasuslehre verhältnismäßig wenig Verstöße begangen werden, ist auch für uns im wesentlichen zutreffend, doch will ich nicht unterlassen, hier auf einen Fehler hinzuweisen dem man im schweizerischen Schriftdeutsch besonders häufig begegnet, wenn auch mehr im gesprochenen als im gedruckten, das ist der Gebrauch des Accusativs für den Nominativ in Fällen wie: „wenn ich ihn wäre" für: „wenn ich er wäre";

oder: „es ist ihn" anstatt „er ist es". Als „wohlberechnete Volksmäßigkeit", wie diese Redeweise jüngst in der Schweizerischen Rundschau bezeichnet wurde, mag man es gelten lassen; aber eben nur als solche, nicht als Regel und in Fällen, wo der Eindruck volksmäßiger Sprache nicht beabsichtigt ist.

Weiterhin ist aber zu bemerken, daß das schweizerische Schriftdeutsch einige kräftige und bezeichnende Constructionen kennt, die das sonstige Schriftdeutsch nicht hat, die ihm aber recht gut anstünden. So rufen mit Dativ, nicht nur in der Bedeutung, in der es auch sonst vorkommt, einer Person rufen (z. B.: „Hier bin ich, du hast mir gerufen", bei Luther; „Wer ruft mir", im Faust), sondern in der bestimmten Bedeutung einer Sache rufen, d. h. den Anstoß dazu geben, das Verlangen darnach hervorrufen, z. B.: „die Beschaffenheit der Schullokalitäten ruft bringend einer Reparatur" u. dgl. In diesem Sinne ist rufen mit Dat. in der Schweiz sehr gebräuchlich und auch sehr empfehlenswert; aber weniger berechtigt dürfte es sein, wenn die Bedeutung dahin erweitert wird, daß es geradezu für hervorrufen oder bewirken gebraucht wird, wie z. B.: „der Anblick des so sehr gepriesenen Bauwerkes rief keiner Enttäuschung". — Eine andere gute Wendung, die gleichfalls vornehmlich schweizerisch ist, ist stimmen mit Dativ, einem stimmen, d. h. für einen stimmen, ihm seine Stimme geben, ferner auch sagen mit Dativ, von Beinamen, Benennungen, Anreden 2c., z. B. „man sagte ihm Geisenpeter", d. h. man rief ihn mit diesem Beinamen.

Dagegen fehlt es auch nicht an falschen Constructionen. So wird z. B. häufig präsidiren mit dem Accusativ gebraucht anstatt mit dem Dativ: „eine Versammlung präsidiren" für „einer Versammlung"; auch bescheren, das richtig construirt heißt: „einem etwas bescheren", wird nicht selten falsch construirt, z. B.: „den 30. April 1801 bescherte Bonaparte die Schweiz mit einem Verfassungsentwurf". Auch das Participium betreffend findet man infolge von Verwechslung mit **betreffs** nicht selten falsch construirt, nämlich mit dem Genetiv, anstatt mit dem Accusativ: „die Verhandlungen betreffend des Zollvertrages" für „den Zollvertrag".

Bei den Zahlwörtern ist nicht viel zu bemerken, da die meisten Fehler hier der Formenlehre angehören. Anzumerken ist hier der besonders übliche Mißbrauch des unbestimmten Zahlwortes **etwelche**. Das Wort selbst ist freilich sonst im deutschen Sprachgebrauch veraltet und kaum noch irgendwo zu finden; hier in der Schweiz ist es aber noch lebendig und soll es auch bleiben, nur wird es in Verkennung der eigentlichen Bedeutung eines unbestimmten Zahlwortes meist wie ein Eigenschaftswort behandelt und mit dem Artikel versehen, z. B. „hierauf trat **eine etwelche** Besserung ein"; „eine etwelche Verschiebung"; ja selbst mit dem bestimmten Artikel wird es gebraucht, so bei Keller: „zur etwelchen Entschädigung"; „die etwelchen Gelehrten". Das ist aber trotz Keller und trotzdem der Gebrauch mit dem unbestimmten Artikel sich auch sonst hier und da bei besseren schweizerischen Schriftstellern findet, entschieden falsch; von den unbestimmten Zahlwörtern können nur **wenig, viel** und deren Steigerungen einen Artikel zu sich nehmen. — Ein anderer Fehler kommt bei dem unbestimmten Zahlwort **manche** vor. Dieses kann nämlich nicht negativ gebraucht werden; wenn man also schreibt: „es gibt **nicht manche** Gebiete, die einen so bedeutenden Aufschwung aufweisen, wie das Turnwesen", so ist das falsch; es kann nur „nicht viele Gebiete" heißen.

Mit den immer mehr an Stelle der alten Präpositionen tretenden Modewörtern, wie **betreffs, zwecks, anläßlich, gelegentlich** u. s. w., räumt Wustmann S. 244 sehr energisch auf, und ganz besonders macht er auf den beharrlichen Mißbrauch aufmerksam, der jetzt überall mit dem Worte **seitens** getrieben wird. Gerade dieser ist auch hier so sehr häufig. „Mit regem Interesse seitens der Mitglieder", als ob nicht „der Mitglieder" allein genau dasselbe besagte; oder: „der Aufführung wurde seitens des zahlreich versammelten Publikums das lebhafteste Interesse entgegengebracht", wo „von dem Publikum" vollständig genügte.

Auf einzelne Fehler im Gebrauch der wirklichen Präpositionen wurde schon oben gelegentlich hingewiesen; einige andere seien hier noch vermerkt. Eine sehr verbreitete Bezeichnung ist **bei Hause** anstatt zu Hause oder im Hause (bei Pestalozzi, Keller u. a.). Das ist sicherlich falsch; **bei** in einer Ortsangabe kann nicht gleichbedeutend mit **in** sein; die Analogie mit Ausdrücken, wie bei Tage, bei Zeiten kann hier gewiß nicht als Rechtfertigung angeführt werden. — Dann findet man sehr häufig falschen Gebrauch von **auf** bei Zeitbestimmungen. Wenn man **auf** von der Zeit anwendet, so kann man dies keineswegs in durchaus gleichem Sinne mit zu thun; **auf Ostern** und **zu Ostern** sind nicht dieselben Dinge, vielmehr drückt auf Ostern die Zukunft aus, daß also etwas von einem vor Ostern liegenden Termine bis auf Ostern festgesetzt, angesagt, verschoben u. s. w. wird, während zu Ostern einfach den Zeitpunkt als solchen bezeichnet. Es ist also ganz richtig, zu sagen: „Eine Wohnung ist auf Ostern zu vermieten", d. h. die Wohnung kann jetzt schon vermietet und nächste Ostern bezogen werden; oder: „das Kapital wird auf nächste Ostern gekündigt", d. h. das Kapital wird jetzt gekündigt und ist nächste Ostern zurückzuzahlen. Es ist aber nicht richtig, wenn ein Buchhändler ankündigt: „Auf Beginn des Wintersemesters erscheint eine neue Auflage", denn zwischen dem Termin der Anzeige und dem des Erscheinens liegt da kein innerer Zusammenhang, der das auf rechtfertigte, wie es der Fall wäre, wenn es hieße: „auf Beginn des Wintersemesters wird eine neue Auflage vorbereitet". Ebenso: „Die Anstalt wird auf Anfang April an uns übergehen"; richtig nur „Anfang April". — Sehr unschön ist auch die Anwendung des **auf** im kaufmännischen

Stile, wie: „ein Mädchen, auf Westen geübt", oder: „es wird ausschließlich auf Grabsteine gearbeitet" u. s. f.

Ferner wird an öfters falsch gebraucht, namentlich bei dem Wort beitragen oder Beitrag zahlen. Man zahlt einen Beitrag an jemand, aber nicht an etwas, wie hier in der Regel geschrieben wird; nicht an die Kosten, sondern zu den Kosten oder für die Kosten. Andere fehlerhafte Wendungen sind: „ein Kind an die Kost nehmen" anstatt „in die Kost"; „eine Wohnung an schönster Lage" anstatt „in schönster Lage"; „Spaziergänge, an denen die gesamte Conversation französisch gehalten wird", anstatt „bei" oder „auf denen". So sagt man auch in Oesterreich, man erwarte einen Freund am Bahnhof, anstatt auf dem Bahnhofe. — Ferner zu: so „Beschlußfassung zur Teilnahme am Sängerfest". Man kann den Beschluß fassen, teilzunehmen, aber daraus darf nicht die Beschlußfassung zur Teilnahme gebildet werden; richtig ist vielmehr einfach: „der Beschluß der Teilnahme"; denn die Teilnahme wird ja beschlossen. Will man aber ausdrücken, daß der Beschluß über die Teilnahme erst noch gefaßt werden soll, so kann es natürlich nur heißen: „die Beschlußfassung über die Teilnahme". — Fehler in der Construction der Präpositionen sind selten. Trotz wird heutzutage ebensowohl mit dem Genetiv, wie mit dem Dativ construirt; dagegen ist es falsch, wenn während, wie man bisweilen es findet, den Dativ regiert, da es nur mit dem Genetiv stehen kann. Über innert s. oben.

Sehr gewöhnlich ist bei den Präpositionen die Auslassung des Artikels, ganz besonders bei dem Worte Hand. So sagt man: „an Hand von Thatsachen" für „an der Hand"; etwas „an Hand nehmen" für „an die Hand nehmen". Ähnliche schweizerische Redensarten, bei denen aber nicht der Artikel, sondern ein Eigenschaftswort ausgelassen ist, sind: „diese Arbeit ist von Hand gemacht", d. h. „von freier Hand, mit bloßen Händen", nicht mit der Maschine; oder: „man kann das von Auge sehen",

b. h. „mit bloßem Auge", ohne Fernrohr oder Mikroskop. Ohne Analogie im älteren Deutsch stehen diese Redensarten nicht da; so ist ja z. B. behende aus der Zusammenstellung „bei Hand" hervorgegangen; doch haben die meisten des Artikels entbehrenden Ausdrücke die Mehrzahl, „etwas bei Handen haben", ferner abhanden, vorhanden u. dgl. Im allgemeinen dürfte die Weglassung des Artikels bei solchen formelhaften Wendungen nicht zu beanstanden sein, weil eben das Formelhafte dabei mehr hervortritt; es wird ja auch niemand, der sonst ruhig sagt, er „nehme ein Unternehmen an Hand", einfallen zu sagen: „Ich nehme meinen Knaben an Hand". — Wegbleiben kann der Artikel auch, wenn mehrere Hauptwörter, die durch und verbunden sind, von derselben Präposition abhangen. Man sagt also: „jemand ist an Herz und Lunge krank", aber nicht einzeln: „er ist krank an Lunge" oder „an Herz"; hier muß wieder der Artikel stehen. Darum ist es auch falsch, wenn bei Wohnungsannoncen z. B. gesagt wird: „Zutritt in Garten erwünscht". Man kann jemand Zutritt in Hof und Garten gewähren, Benutzung von Keller und Winde; sobald aber nur ein Substantivum dasteht, darf der Artikel nicht fehlen.

Unter den Mißbräuchen der Orts- und Zeitbestimmungen, über die Wustmann S. 264 ff. handelt, sind manche, die uns in der Schweiz auch nicht fremd sind, während andere, von ihm nicht erwähnte, dem Schweizerischen eigentümlich sind. Nach hier und nach dort betrachtet Wustmann als wesentlich kaufmännischen Stil. Wüßte er nur, daß man hier die beinah noch schöneren Formen in hier und in dort hat! — „Ein junger Mann wünscht in hier Stellung als Buchhalter." Weshalb der junge Mann nicht einfach hier schreibt, weiß der liebe Gott. — Dann findet man häufig daraufhin anstatt einfach darauf, von der Zeit gebraucht; allein daraufhin bedeutet etwas ganz anderes, z. B.: „Er hatte eben gebeichtet und glaubte, daraufhin neu sündigen zu dürfen", ober: „Er hatte eine bedeutende Erbschaft zu erwarten und machte daraufhin fleißig Schulden"; aber im Sinne von darauf kann es nie stehen. — Auch die Zeitbestimmung „je zu drei Jahren um" kann man lesen; das soll heißen: „je nach drei Jahren" oder: „je nach vollendetem drittem Jahre".

Öfters verwechselt werden bisher und seither. Während bisher (bisherig) darauf ausgeht, daß etwas von irgend einem unbestimmten Zeitpunkte ab bis auf die Gegenwart bestanden hat, geht seither (seitherig) darauf, daß etwas von einem bestimmten Zeitpunkt ab bis jetzt gedauert hat; dort ist der Endpunkt, hier der Ausgangspunkt die Hauptsache. Ich kann von dem bisherigen Inhaber eines Amtes sprechen, ohne zu wissen, wann er den Posten angetreten hat; ich muß aber diesen Termin kennen, wenn ich von dem seitherigen Inhaber der Stelle rede. Dieses beides wird gern verwechselt. Man berichtet wohl, „daß die letzte Inspektion der Brücken deren schadhaften Zustand constatirt habe, bisher aber noch nichts zur Reparatur geschehen sei", anstatt seither; man beklagt sich, daß „die seitherige Verwaltung des Fonds ungenügend sei", anstatt die bisherige.

Der widerwärtige Gebrauch des in bei Jahreszahlen (Wustmann S. 268) macht sich auch hier bisweilen breit: „in 1870", anstatt „im Jahre 1870". Ohne Zweifel liegt hier eine alberne Nachäffung des französischen en vor. Noch gewöhnlicher ist in unsern Ankündigungen der Fehler: „am Donnerstag den 13. Februar", eine Zusammenstellung, die jedem etwas grammatisch Fühlenden beinahe weh thut.

Von Fehlern im Gebrauch der Bindewörter (Wustmann S. 278) sind mehr anzuführen, die durch Auslassung solcher fehlen, als die fälschlicherweise welche hinzufügen. So sagt und schreibt man hier sehr gewöhnlich: „im großen Ganzen"; die Redensart heißt aber: „im Großen und Ganzen" und nur durch flüchtiges und schnelles Sprechen, wobei das und verschluckt wird, ist die falsche Schreibweise entstanden. — Sehr oft findet man sodann Weglassung des als bei Redensarten wie: so viel als möglich, so weit als möglich, wofür so viel möglich, so weit möglich geschrieben wird. Will man es ohne als machen, so muß man „so weit das möglich (ist)", „so viel dies möglich (ist)" sagen; ebenso entweder: „so bald als möglich" oder „so bald dies möglich", nicht aber „so bald möglich"; denn dies Fehlen des als ist, wenn nicht vielleicht geradezu falsch, worüber sich streiten ließe, doch jedenfalls unschön. — Daß bei Teilsätzen im zweiten Gliede ein als auch steht, dem im ersten Gliede kein sowohl entspricht, ist ein nicht seltener Fehler; „man folgte mit Interesse den musikalischen Produktionen, als auch nachher eifrig dem Tanze gehuldigt wurde". Andrerseits schreibt man an Stelle von nicht sowohl das veraltete nicht so fast, z. B. „wenn auch sein neuer Beruf ihm nicht so fast mißfiel, als beschwerlich dünkte". Es ist das kein eigentlicher Fehler, da fast im Alt- und Mittelhochdeutschen noch die Bedeutung sehr hat (fast wohl, auch fast sehr, so fast u. dgl. ist ältere Redeweise); aber da diese Bedeutung heute geschwunden ist, dürfte dieser letzte Rest wohl auch bald fallen, da er nicht mehr verstanden wird. (Grimm führt als Beleg für die Wendung „nicht so fast — als vielmehr" nur die Augsburger allgemeine Zeitung an; doch findet sie sich auch bei Hebel, Platen u. a.)

Zu den Bemerkungen über die Verneinung (Wustmann S. 279) und die oft gedankenlos gebrauchte Litotes (doppelte Verneinung), z. B.: „der Leser wird nicht unschwer erkennen", was doch wörtlich so viel bedeutet, als: „der Leser wird nicht leicht erkennen", während das Gegenteil gemeint ist, paßt wohl der Hinweis auf eine bekannte Stelle der Emilia Galotti, wo Claudia im II. Akt, 6. Auftritt sagt: „Wie wild er schon war, als er nur hörte, daß der Prinz dich jüngst nicht ohne Mißfallen gesehen", was doch offenbar heißen soll: „nicht ohne Wohlgefallen".

Denn ich glaube nicht, wie manche allerdings thun, daß
die dreifache Negation von Lessing hier beabsichtigt war,
und nehme lieber ein Versehen an, das später unbemerkt
blieb, wie man ja über ein solches „nicht unschwer" leicht
genug hinwegliest. — Bei dieser Gelegenheit möchte ich
noch auf eine gerade hierzulande ungemein verbreitete
Form der Verneinung aufmerksam machen, nämlich mit
nachgestelltem k e i n. Anstatt: „es hat keine Gefahr" sagt
man: „Gefahr hat es k e i n e"; „bedeutende Erfolge scheinen
k e i n e zu verzeichnen zu sein u. s. f. Das ist entschieden
dialektisch, und wenn auch nicht geradezu falsch, so doch
sicherlich kein gutes Deutsch.

Schließlich mögen noch ein paar im schweizerischen
Schriftdeutsch häufiger anzutreffende Ausdrücke und Wen=
dungen, zu deren Besprechung sich bisher keine Gelegen=
heit bot und die nicht als gut Deutsch zu betrachten sind,
hier angeführt werden. Hierher rechne ich die Redensart
v o r a l l e m a u s, wie man anstatt v o r a l l e m sagt.
Ich wüßte nicht, wie sich diese Formel rechtfertigen ließe.
Wir haben die Verbindung v o n — a u s, z. B. von
Grund aus; aber die Verbindung v o r — a u s giebt es
nicht. Allem andern voraus, das kann man ja sagen;
aber dieses voraus zu trennen, geht nicht an. — „F ü r
e i n m a l" sagt man schweizerisch im Sinne von „für's
erste, vorläufig", z. B.: „für einmal hätte ich daran ge=
nug". Das ist nur dialektisch, wenn auch bisweilen „ein=
mal" in Aufzählungen für „erstlich" gebraucht wird. —
In eigentümlichem Sinne gebraucht man die Redensart
„e s n i m m t m i ch W u n d e r." Die eigentliche und wohl
auch ausschließliche Bedeutung der Redensart ist: „es
setzt mich etwas in Verwunderung"; ich kann also sagen:
„eine solche schnelle Vermehrung der Einwohnerzahl nimmt
mich Wunder". Schweizerisch aber bedeutet es: „ich bin
neugierig"; z. B.: „es nimmt mich Wunder, wie die
nächste Wahl ausfallen wird"; und das ist eine Aus=
dehnung der Bedeutung, die sicherlich ungerechtfertigt ist.

— Nicht deutsch, sondern aus dem Französischen übersetzt ist die Wendung: „das gibt mir auf die Nerven" (cela me donne sur les nerfs); dieses geben ist durchaus undeutsch. Der entsprechende Ausdruck lautet vielmehr richtig: „das geht mir auf die Nerven". — „Ein Inventar ziehen" ist wohl aus der Redensart „die Summe ziehen" hervorgegangen, aber falsch; man kann nur sagen: „ein Inventar anlegen" oder „anfertigen".

Eine sehr verbreitete Wunderlichkeit ist die häufige Anwendung des Wortes wollen. Man kann heute kaum einer Debatte oder sonstigen Verhandlung beiwohnen, „ohne daß man aus dem Munde des Präsidenten hört: „Wollen weitere Anträge gestellt werden?" „Wollen weitere Bemerkungen gemacht werden? Daß das Unsinn ist, liegt auf der Hand; mit der Parallele: „was will das werden?" kann man jene Redensarten doch nicht verteidigen. Allerdings bezeichnet ja wollen bisweilen das Futurum: „das Wetter will sich ändern", „der Kranke will sterben"; aber dann bedeutet es immer den Anfang einer Thätigkeit, ein im Begriffe stehen, nicht die Zukunft schlechtweg; es paßt also im vorliegenden Falle durchaus nicht. — Aber auch sonst wird wollen etwas zu stark verwandt; und namentlich da sollte man es vermeiden, wo Imperativ und Indicativ Präsentis ganz gleich lauten. Man kann also in höflicher Ausdrucksweise sagen: „Anmeldungen wolle man da oder da einreichen"; man sollte aber nicht sagen: „Bewerber wollen ihre Anmeldungen an die unterzeichnete Behörde einsenden", weil wollen eben auch der Indicativ ist; in diesen Fällen wäre, wenn es auch etwas weniger höflich ist, mögen vorzuziehen.

Register.

ab 28
abreſſiren 38
allfällig 15
an 50
anerbieten 36
an Hand 50
anhin 23
anmit 23
anſonſt 41
auf 49
äufnen 27
Bauerſame 15
Baute 30
Beamtung 11
beelenden 27
befindlich 38
beförderlichſt 23
begrüßen 21
beheizen 13
bei Hauſe 49
beiläufig 22
belieben 38
bemühend 17
Bereich 32
bereits 22
beſammeln 13
beſcheinen 20
beſcheren 47
bethätigen 39
betreffend 25. 47
bezüglich 24
Bindeconſonanten 11
Bindewörter 52
bisher 52
Conjunctiv 42
dann 26
daraufhin 51
derſelbe 45
diesfällig 15
dortſelbſt 23
durchgehen 35
eigenartig 16
entfallen 22

Erbsmaſſe 13
erfolgt 25
erhältlich 16
erheblich 17
erübrigen 22
Erwerb 10
etwelche 48
faſt 53
fehlbar 19
flöchnen 27
fragen 34
Fremdwörter 28
für einmal 54
gedenkbar 14
geſpieſen 34
gewöhnt 37
gewunfen 34
habhaft 18
Hauptwörter auf
 indem 41 [ung 10
in hier 51
innert 28
jeweilen 25
Kaſus 46
fein 54
köſtlich 17
Kundſame 15
lächern 27
manche 48
Mitleidgenoſſen 13
nachdem 41
öfter 45
Participien 42
präſidiren 47
Rechnungsablage 11
Relativſätze 40
Reſten 31
rückvergüten 14
rufen 47
ſagen 47
ſammthaft 23
ſeitens 48
ſeither 52

ſelbſtlos 16
ſtetsfort 23
ſtund 34
Südfrüchtenhand-
 lung 12
teilweiſe 45
Tochter 23. 31
Tröckne 16
überſiedeln 35
übertragen 35
überzeugt 37
unentwegt 17
unerfindlich 16
unzukömmlich 18
verausgaben 14
verdanken 21
vereinnahmen 14
Verhaft 11
verreiſen 20
verunmöglichen 14
von Auge, von
 Hand 50
vor allem aus 54
vorig 16
vormerken 20
wägen, wiegen 34
während 50
weiterfahren 20
winden 27
Wirtshausnamen
 wollen 55 [30
Wunder nehmen 54
wünſchbar 19
wünſchendenfalls 22
zahlbar 19
Zelten 31
zielbewußt 17
Zubehör 32
zukömmlich 18
Zuſammenſetzungen
 12. 43
Zuſammenziehung
 in Nebenſätzen 40